UN JA[...] NATUREL 2025 ET ABONDANT TOUTE L'ANNÉE

JARDINER AVEC LA LUNE EN BIODYNAMIE

Laurent Dreyfus

MABD
Mouvement de l'Agriculture Bio-Dynamique

ulmer

UN JARDIN PLEINEMENT NOURRICIER

La crise climatique et la baisse de la biodiversité impactent nos conditions de vie, la qualité de l'air et celle de l'eau. La biodynamie apporte des réponses pratiques à cet enjeu et répond aux impératifs du siècle : lutter contre le réchauffement climatique en créant des puits de carbone dans le sol par l'enrichissement en humus capteur de CO_2 et rétablir la biodiversité avec des « organismes jardin » riches en insectes auxiliaires, en oiseaux, en arbres et arbustes.
Cet ouvrage permet de jardiner avec les rythmes cosmiques, en lien avec la réalité astronomique, et donne les clés de la méthode, dont les piliers principaux sont les préparations biodynamiques et l'organisation du jardin dans son environnement naturel.

Les préparations biodynamiques demandent un petit surcroît de travail : il faut dynamiser plusieurs fois dans l'année des préparations pendant 1 heure, avec rigueur. Mais ce temps peut être mis à profit pour prendre du recul sur son quotidien, un luxe parfois rare. L'impact de ces quelques heures de travail est beaucoup plus important qu'on l'imagine, sur la vie du sol, sur sa vie quotidienne, sur l'environnement et, c'est fondamental, sur la qualité de son alimentation. La qualité nutritionnelle et gustative des aliments produits en biodynamie n'est plus à démontrer. Les vins en particulier ont des résultats exceptionnels dans les concours agricoles. Il en va de même pour les fromages ou le pain.

Pour s'en convaincre, le jardinier n'a qu'une solution : expérimenter. Expérimenter la dynamisation, observer les résultats du suivi du calendrier aux moments des semis, des binages, des récoltes. Les pages calendrier de ce livre vous seront précieuses pour faire vos essais. Par ailleurs, ce calendrier vous guide dans l'observation de la nature et vous permet d'avoir une connaissance fine de ses rythmes. C'est une bonne méthode pour apprendre quand et comment intervenir au jardin en synergie avec le climat de votre région. Jardiner en biodynamie est une manière de recréer le lien avec l'ensemble du monde vivant. Ce livre vous aidera à franchir le pas vers une cohabitation renouvelée avec la nature… et avec le plaisir de produire des aliments de grande qualité.

LES RYTHMES COSMIQUES ET LA LUNE AU JARDIN

Le premier pilier de la biodynamie, le plus connu et le socle de cet agenda biodynamique, est la prise en compte des rythmes cosmiques, c'est-à-dire l'influence de la Lune et des planètes sur la vie terrestre. En 1924, Rudolf Steiner a le premier montré le lien entre les êtres vivants et les rythmes cosmiques. Ehrenfried Pfeiffer, biologiste, et Maria Thun après lui, ont approfondi cette réflexion. Maria Thun a créé le calendrier des semis dans les années 50.
La plante grandit entre Terre et Ciel. Travailler en tenant compte des rythmes cosmiques, c'est impulser une dynamique qui contribue à donner aux plantes des forces pour mieux résister aux maladies et aux parasites.

LA LUNE

L'influence de la Lune, ce satellite distant de la Terre de 400 000 km en moyenne, n'est plus à démontrer. Les chercheurs allemands Endres et Schad ont publié en 1997 une synthèse de plusieurs centaines d'études consacrées à ce sujet. On y comprend l'influence de la Lune sur le vivant : croissance des arbres, ponte des batraciens, reproduction des huîtres et des oursins, activité des vers de terre, des anguilles, reproduction des kangourous, des gnous, etc. Plus récemment, Ernst Zürcher, chercheur suisse à l'école polytechnique de Zürich, a publié ses travaux sur l'incidence des rythmes cosmiques sur les arbres (*Les Arbres, entre visible et invisible*, Actes Sud, 2016). La Lune a un très grand nombre de rythmes, d'une durée proche d'1 mois, et tous décalés les uns par rapport aux autres. En conséquence, on ne peut quasiment jamais avoir deux situations exactement identiques de la Lune dans le ciel. Nous allons passer en revue les cinq principaux rythmes qui ont un impact sur la vie de la Terre.
Le jardinier qui souhaite intégrer les rythmes cosmiques à sa pratique peut le faire progressivement en commençant par les deux rythmes essentiels que sont le rythme sidéral et le rythme tropique.
En un simple coup d'œil dans le calendrier, il visualisera les caractéristiques de la journée et pourra prioriser son travail en fonction du type de plantes à entretenir ou récolter (racines, feuilles, fleurs ou fruits).

Le rythme tropique

Lune montante et descendante

Vue de la Terre, l**a Lune monte (printemps lunaire), puis descend** (**automne lunaire**) sur l'horizon au cours de sa rotation mensuelle. Ce rythme de 27,3 jours est quasiment de même durée que le rythme sidéral (voir page suivante). D'un soir à l'autre, la Lune est soit plus haute soit plus basse dans le ciel que la veille. Ce mouvement induit une force qui pousse les plantes soit à s'élever, soit à former des racines.

À faire en Lune descendante

En Lune descendante, la montée de sève dans les plantes est réduite et la formation des racines stimulée. Cette période descendante est appelée période de plantation.

- Elle est favorable aux repiquages, aux plantations, au rempotage. Il est possible d'accroître encore ces effets favorables en choisissant de surcroît les jours correspondant à l'organe de la plante que l'on veut favoriser (racine, feuille, fruit, fleur). On parvient ainsi à stimuler le type de fructification en plus du renforcement de l'enracinement.
- La période est très favorable au travail du sol (labour, bêchage).
- On incorpore des matières organiques (compost, engrais verts…) dans le sol.
- Cette période est conseillée pour la taille des arbres, des haies, des pieds de vigne et l'abattage du bois d'œuvre.

À faire en Lune montante (ascendante)

En Lune montante, la montée de sève est plus forte.

- C'est une bonne période pour couper des greffons, greffer. On peut encore accroître cette influence en choisissant des jours-fruit pour les plantes-fruit et des jours-fleur pour les plantes-fleur.
- Les fruits récoltés durant cette période restent frais et juteux plus longtemps.
- Cette période est favorable pour couper les sapins de Noël qui conservent leurs aiguilles plus longtemps.

Les différentes rotations

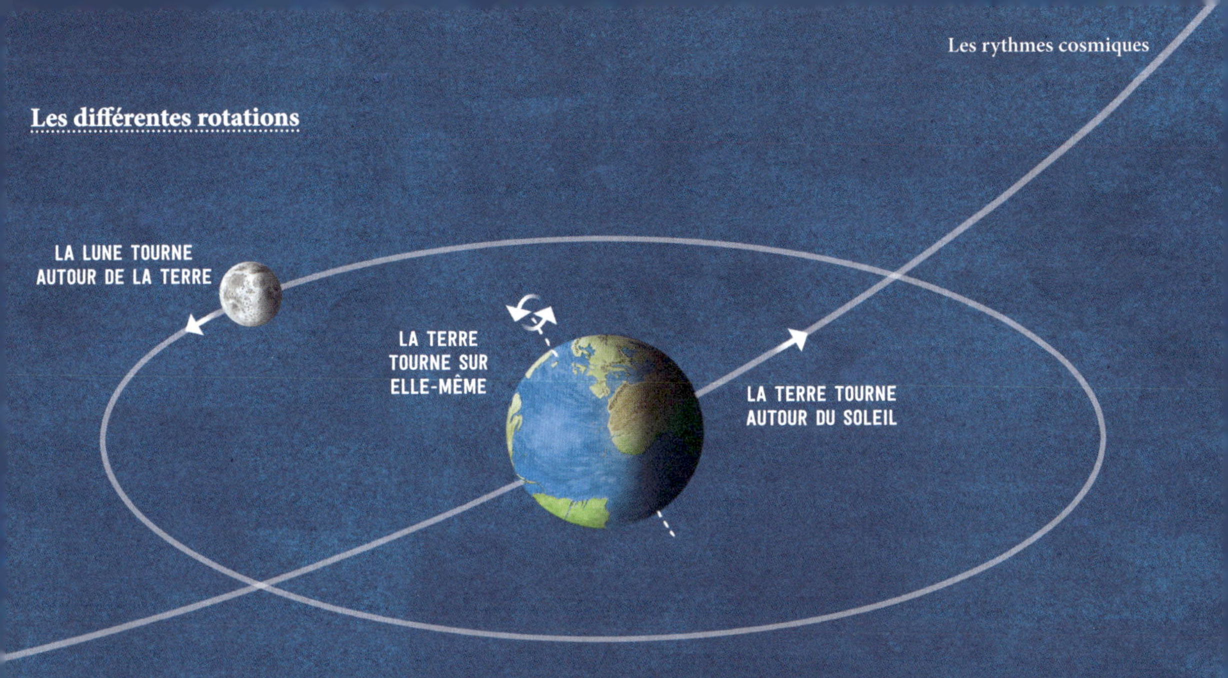

Le rythme tropique

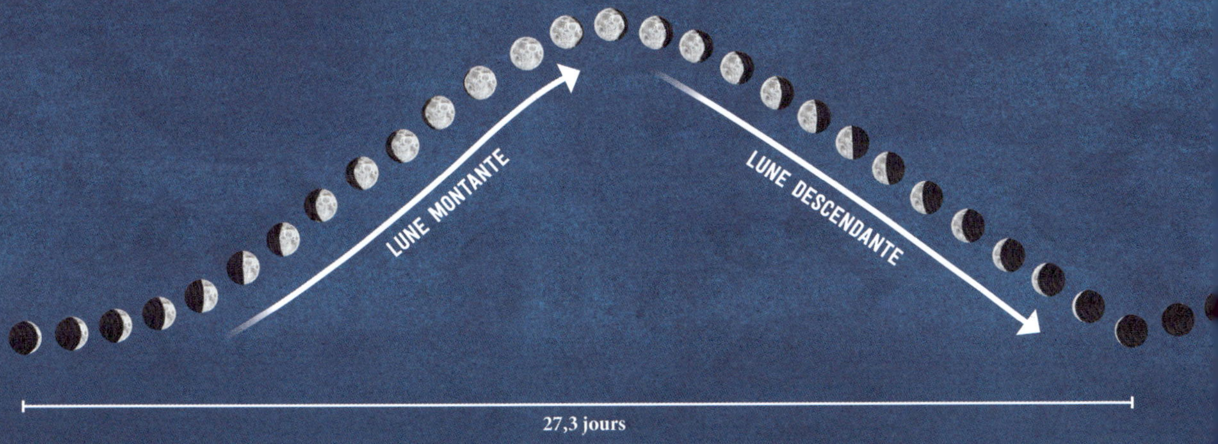

Le rythme sidéral

Le rythme sidéral est **le passage de la Lune devant les douze constellations du zodiaque**, ce que le Soleil fait en 1 an : chaque fois que la Lune passe devant les constellations, elle transmet à la Terre la qualité de l'élément (Terre, Eau, Air-Lumière, Chaleur) de la constellation devant laquelle elle se trouve. Cet élément active chez la plante la formation de l'organe qui lui correspond. Nous pouvons donc, en choisissant le moment du semis, des soins et de la récolte, stimuler l'organe voulu en maintenant la vitalité et la santé de la plante. Il faut 27,3 jours à la Lune pour faire le tour des constellations.
Les plantes cultivées sont classées en quatre groupes en fonction des parties consommées :

Les plantes-racine : pommes de terre, ail, oignon, échalote, carotte, panais, radis, betterave rouge, radis noir, scorsonère, salsifis, céleri, navet, persil tubéreux. Les plantes-racine sont à semer, soigner et récolter aux dates-racine (passage de la Lune devant les constellations du Taureau, de la Vierge ou du Capricorne).

Les plantes-feuille : endive, mâche, fenouil, la plupart des choux (y compris le chou-rave), laitue pommée, blette, asperges, épinards, poireau, toutes les herbes aromatiques (persil, ciboulette, aneth, thym, etc.), et même la pelouse. Les plantes-feuille sont à semer, soigner et récolter aux dates-feuille (constellations du Scorpion, du Cancer, des Poissons).

Le rythme sidéral

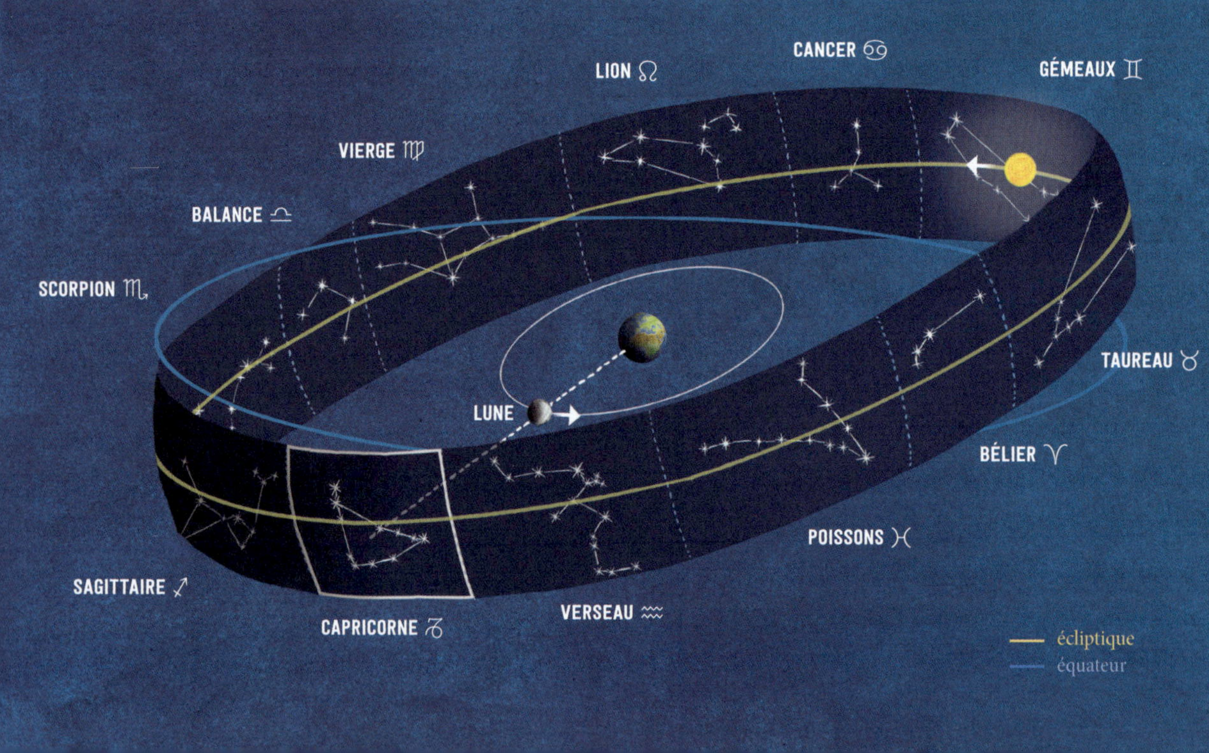

Familles de plantes et constellations

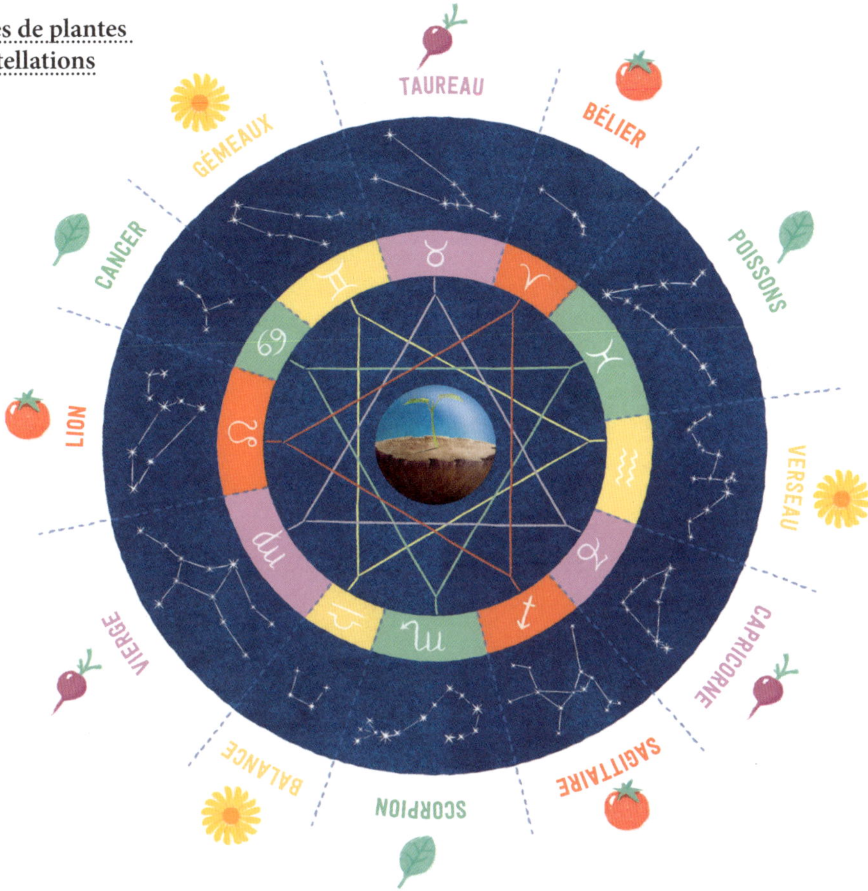

Les plantes-fleur : bulbes, fleurs médicinales, fleurs d'été, vivaces, arbustes fleuris, mais aussi le brocoli et le chou-fleur. Les plantes-fleur sont à semer, soigner et récolter aux dates-fleur (constellations de la Balance, des Gémeaux, du Verseau).

Les plantes-fruit : haricots, pois, céréales, concombres, courges, lentilles, maïs, poivrons, riz, soja, tomates, aubergines et courgettes, auxquels s'ajoutent tous les arbres et arbustes fruitiers ainsi que les fraises. Les jours-fruit sont à privilégier pour tous les travaux sur ces plantes (constellation du Bélier, du Lion, du Sagittaire). Les meilleures dates pour la récolte des plantes-fruit sont les jours-fruit qui favorisent la qualité de la conservation. Pour les fruits à conserver, on choisira une période de Lune ascendante.

BON À SAVOIR

Il faut éviter de cultiver les tomates, les pommes de terre et tout fruit ou légume sensible aux maladies cryptogamiques un jour-feuille qui stimule l'élément Eau. Il en va de même en herboristerie, car les plantes sécheront plus difficilement un jour-feuille qui stimule cette humidité.

Le rythme draconitique[1], les nœuds lunaires

Deux fois par mois, la Lune coupe le plan de l'écliptique qui est le plan dans lequel le Soleil décrit sa trajectoire apparente autour de la Terre : une fois en montant (c'est le **nœud ascendant**), une fois en descendant (c'est le **nœud descendant**). Ce rythme est d'environ 27,2 jours.
Ces nœuds lunaires sont des périodes défavorables qui durent environ **6 à 8 heures** et durant lesquelles il vaut mieux s'abstenir d'intervenir au jardin. Lorsqu'on se trouve obligé, pour diverses raisons, de semer à des périodes défavorables, on peut alors sarcler à des dates favorables et ainsi compenser la première impulsion.
Il en va de même avec les planètes. Quand une planète rencontre la trajectoire du Soleil, la période est également néfaste, mieux vaut s'abstenir de jardiner et prendre patience (qualité nécessaire à tout bon jardinier).

Le rythme anomalistique, apogées et périgées

La Lune, dans sa rotation mensuelle autour de la Terre, ne décrit pas un cercle mais une ellipse. Elle passe au plus près de la Terre, à son **périgée** (à 356 400 km) et 14 jours plus tard, elle passe au point le plus éloigné de la Terre, à son **apogée** (à 406 700 km). Ce rythme est d'environ 27,55 jours.

Pour le jardinier, le périgée est une période défavorable au jardinage qui dure 24 heures. La Lune au périgée, proche de la Terre, donne une impulsion de l'élément Eau très forte qui peut générer l'apparition de champignons, de maladies. Cependant, en été, durant des périodes sèches, cette tendance est moins problématique.

Le rythme synodique, Lune croissante et décroissante

C'est le rythme de la **nouvelle lune** (quand le Soleil est derrière la Lune vu de la Terre, la Lune est donc invisible) à la **pleine lune** (le Soleil, opposé à la Lune, l'éclaire : c'est la pleine lune). Ce rythme, qui dure 29,5 jours environ, est le plus apparent dans le ciel. C'est la période séparant deux phases d'éclairage identiques de la Lune par le Soleil. De la nouvelle lune à la pleine lune, son croissant grossit, c'est la période de **Lune croissante** ou **jeune Lune**. Pendant les 15 jours suivants, de la pleine lune à la nouvelle lune, le croissant décroît, c'est la période de **Lune décroissante** ou **vieille Lune**. Il contribue au mouvement des marées, il influence aussi la croissance des arbres (*cf.* les travaux d'Ernst Zürcher cités précédemment), la ponte des batraciens, etc., mais il a une influence moindre sur les plantes. Par contre, les semis effectués 2-3 jours avant la pleine lune germent vite et donnent de bons rendements, mais avec un risque de maladies accru. Ceci dit, ce n'est pas le rythme le plus utilisé au jardin.

---

1. Du grec ancien *drakôn*, *drákontos* (dragon) avec le suffixe -ique. Dans l'astronomie antique, les nœuds lunaires nord et sud étaient appelés respectivement la tête et la queue du dragon.

Le rythme draconitique

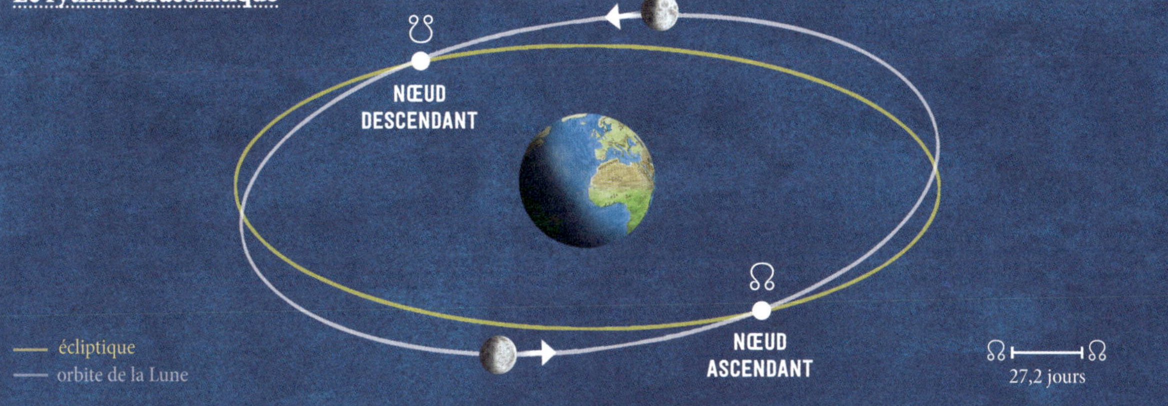

Le rythme anomalistique

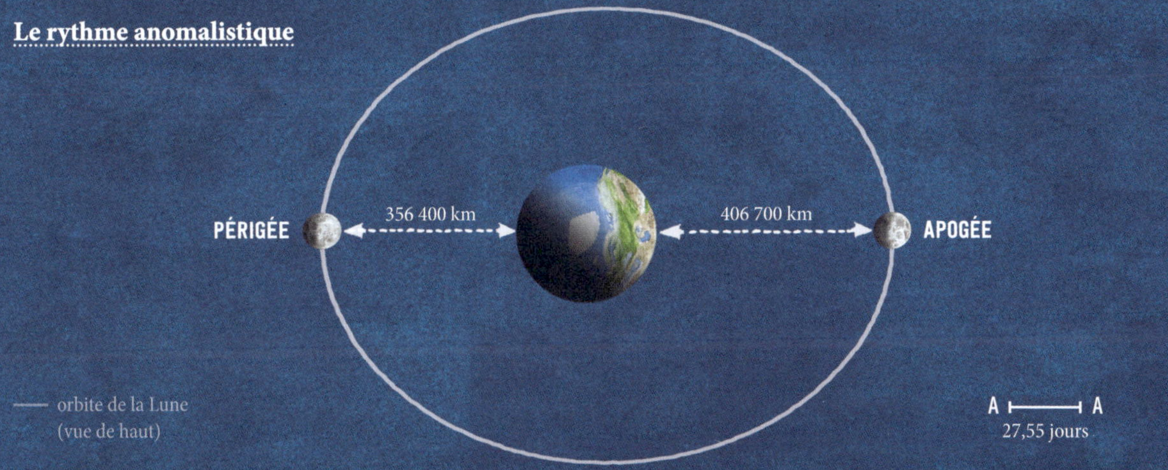

Le rythme synodique

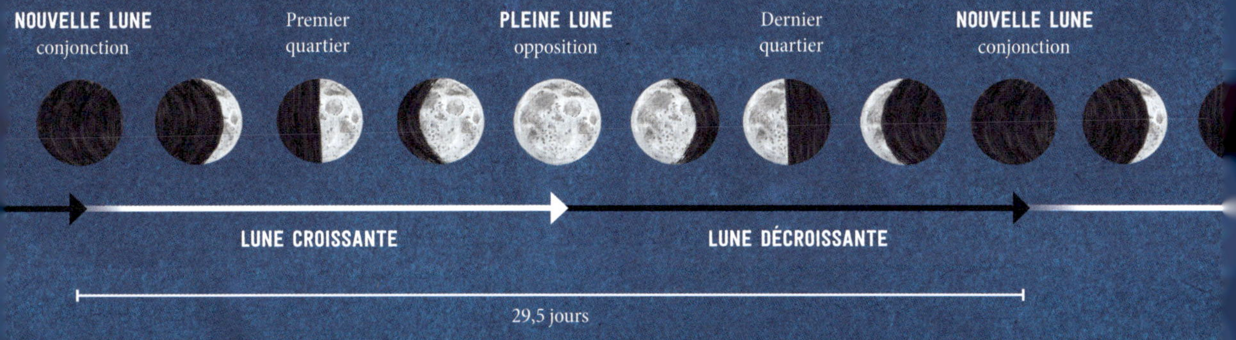

LE SOLEIL

Sans le Soleil, ni la nature ni l'homme n'existeraient. Le travail avec les rythmes commence par les rythmes quotidien et annuel du Soleil. Les plantes réagissent aux saisons, à la durée du jour et à ses variations. La plupart des plantes germent au printemps, fleurissent en été et forment fruits et graines à l'automne. Le soleil monte dans le ciel jusqu'au solstice d'été pour descendre jusqu'au solstice d'hiver. Le jardinier doit en tenir compte au moment du semis et du choix des variétés.

On compare le rythme solaire à une respiration : la terre « expire » le matin et au printemps, elle « inspire » le soir et à l'automne. Les plantations gagnent à être programmées en soirée quand la terre inspire, l'humidité descend vers le sol et la dynamique entraîne les racines vers le bas.

N'OUBLIONS PAS LES AUTRES PLANÈTES

Vénus et Mercure, proches de la Terre, agissent sur la reproduction des plantes par l'intermédiaire du calcaire, tandis que les planètes lointaines, Mars, Saturne et Jupiter, agissent sur la qualité alimentaire des plantes par le biais de la silice (*cf.* p. 23). Certaines planètes vont influencer la plante *via* le sol et d'autres *via* sa partie aérienne. Ce ne sont pas des substances qui sont en action mais des forces qui vont agir dans la plante. La sève brute circule dans la plante dans un mouvement hélicoïdal, à l'image de la danse des planètes qui génère des boucles, des courbes. Les arbres sont liés à des planètes comme le chêne à Mars, les conifères à Saturne et il est utile de connaître leurs positions pour les plantations. Trigones, nœuds et occultations sont les plus impactants. Bien que peu fréquents et irréguliers, leur influence doit être prise en compte.

Les **trigones planétaires** (△) génèrent une impulsion liée au positionnement de deux planètes devant des constellations de même élément avec un angle de 120° (le tiers des 360° du cercle, d'où le terme de trigone) avec la Terre au centre. Deux planètes dans un angle de 120° devant deux constellations du zodiaque de Chaleur donneront une impulsion fruit dans le calendrier durant quelques heures, même si la Lune passe devant une constellation liée à un autre élément.

Les **nœuds planétaires** (quand la trajectoire d'une planète coupe celle du Soleil) ont également un **impact négatif**, aussi puissant que celui des nœuds lunaires. Ce sont des périodes défavorables signalées dans le calendrier.

Les **occultations (☌).** Si le Soleil ou la Lune entre en conjonction avec une autre planète, on dit que cette planète est « occultée ». L'occultation est l'équivalent d'une éclipse partielle ou totale et entraîne une période défavorable au jardin.

Rappelons que même si les rythmes cosmiques sont un atout supplémentaire, le bon sens doit régner. Durant des périodes très humides et froides, il faut savoir saisir la rare fenêtre d'action quelle que soit l'influence cosmique, pour travailler au jardin.

On peut toujours se rattraper en donnant la bonne impulsion au moment d'un buttage, d'un sarclage ou d'un binage.

Les planètes dans le système solaire

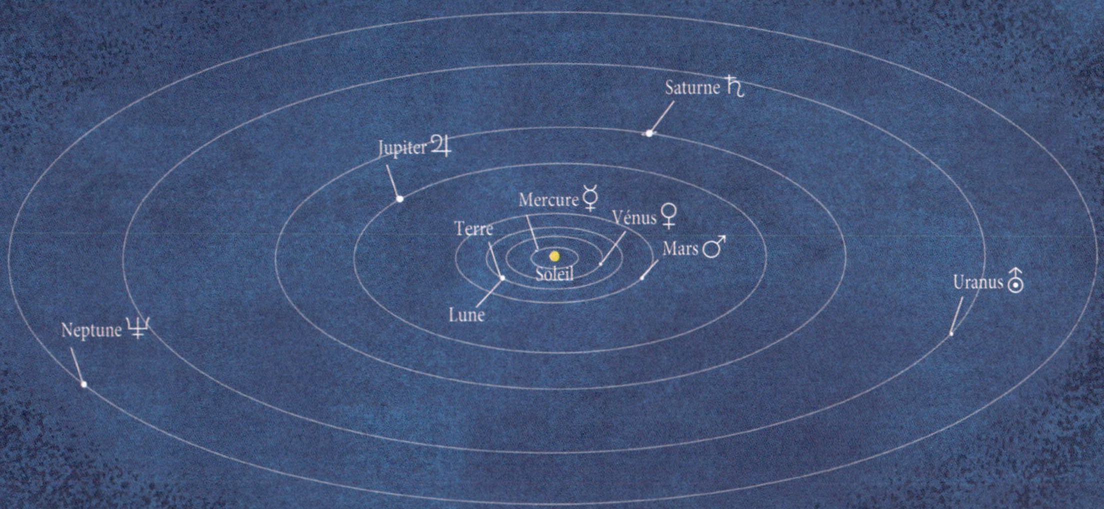

Position du soleil dans le ciel aux différentes saisons

LA LUNE, LES RÉCOLTES, LE STOCKAGE ET LES TRANSFORMATIONS

Les récoltes et le stockage

Pour la récolte, le stockage ou la transformation de fruits et de légumes, il faut **éviter les dates défavorables, nœuds lunaires ou planétaires, ainsi que les jours-feuille**.
Il en va de même pour la fabrication de jus, de gelées, de confitures, de fruits secs et de légumes lacto-fermentés. Les sirops ont tendance à moisir vite si on a récolté les fruits à des dates défavorables. Il est également conseillé d'éviter ces dates pour cueillir des fleurs et des feuilles pour les tisanes, car leur arôme sera moins intense. Les moments les plus favorables pour toutes les récoltes et préparations sont les jours-fleur et -fruit.
Pour la consommation immédiate, on récoltera les légumes du jardin le plus près possible de l'heure des repas.
Pour la conservation des légumes pour l'hiver, il est conseillé de faire la récolte dans le respect des rythmes cosmiques :
- **les légumes-racine**, récoltés en jour-racine, restent frais plus longtemps
- **les fruits** cueillis en jour-fruit se conservent mieux
- **les plantes aromatiques** cueillies en jour-fleur développent mieux leurs arômes et conservent plus longtemps l'éclat de leurs couleurs.

Récolte de pommes.

Les transformations

Au-delà de la récolte, la Lune influence aussi les micro-organismes qui opèrent lors des processus de fermentation.

La Lune et les produits laitiers

Pour fabriquer du beurre ou du fromage de qualité, il vaut mieux éviter, autant que possible, les dates défavorables.
Le lait trait aux dates-fruit et -fleur donne de plus grandes quantités de beurre. C'est le cas aussi pour les jours à tendance orageuse.
Les jours de périgée lunaire sont presque toujours défavorables à la transformation du lait et les yaourts ne réussissent pas.
Les ferments faits maison sont moins actifs, de sorte qu'il vaut mieux en préparer des quantités doubles la veille. Les dates-feuille (Eau) sont à éviter.

Le pain se digère mieux s'il est fait en jour-fruit et -fleur.

La Lune et le pain

Le pain fait en jour-feuille ne lève pas bien, la pâte s'étale plus, le pain n'a pas très bon goût et s'avère moins digeste. Les périgées, les nœuds et les éclipses sont à éviter aussi. Il est bien plus digeste quand il est fait pendant les dates les plus favorables pour la préparation et la cuisson du pain, à savoir les jours Lumière et Chaleur.

La Lune, le vin et les jus

Comme dans tout processus où les micro-organismes et les levures sont en jeu, les rythmes cosmiques sont influents.
Les viticulteurs ont constaté que les moments de forts coefficients de marée favorisent la multiplication des levures.
Pour tous les travaux en cave et jusqu'à la mise en bouteille, les conseils donnés précédemment peuvent être respectés.
Les viticulteurs ont fait le constat que la mise en bouteille les jours-fruit et fleur donne de meilleurs arômes au vin. La richesse en sucres est supérieure quand les travaux sont effectués en jours-fruit. La conservation des jus est également améliorée.
Les jours-feuille sont à éviter.

LA LUNE ET LES ABEILLES

Voici quelques constats faits par des apiculteurs biodynamistes, bien utiles pour qui possède quelques ruches.

Favoriser l'action ciblée des forces cosmiques

L'essaim vit isolé du monde extérieur dans le panier ou la ruche. Pour se protéger de toute influence néfaste, les abeilles tapissent les parois de propolis. Seules les butineuses assurent le lien avec l'environnement.
Pour que les abeilles bénéficient des forces cosmiques, l'apiculteur doit créer des conditions qui rappellent celles que l'agriculteur et le jardinier offrent aux plantes. Ces derniers, en travaillant le sol, font en sorte que les forces cosmiques y pénètrent et profitent aux plantes. Quand on ouvre la ruche, on détruit la couche de propolis et les forces cosmiques ont accès à l'essaim. L'apiculteur peut choisir le jour de son intervention selon les jours propices au développement de l'essaim, à la récolte de nectar et de pollen et à leur transformation, donc à la qualité et à la quantité de la production.

RÉCUPÉRER UN ESSAIM

Chaque apiculteur devrait avoir une poche servant à capturer les essaims. Équipé de cette poche et d'un bâton télescopique, on accède à tous les emplacements. On laisse le mécanisme de la poche ouvert sous l'essaim et on tape contre la branche sur laquelle il est fixé. L'essaim tombe alors dans la poche que l'on ferme avec une cordelette et l'affaire est réglée.

Voici quelques préconisations :

- Les soins donnés les **jours-fleur** (élément Lumière) stimulent la ponte, soutenant le développement de la colonie.
- Les interventions aux **dates-fruit** (élément Chaleur) augmentent la production de miel.
- Les **jours-racine** (élément Terre) favorisent la construction des colonies.
- Pour lutter contre les varroas, Maria Thun a fait des essais de traitements à partir de leurs cendres. Elle incinère le varroa, dynamise la cendre pendant 1 heure et en saupoudre les espaces entre les cadres, avant fin novembre, quand le Soleil et la Lune sont devant la constellation du Taureau.
- Éviter les **dates-feuille** (élément Eau) pour les soins, la récolte et l'extraction du miel.

Le nourrissage des abeilles

En vue de l'hivernage, les apiculteurs biodynamistes utilisent des tisanes d'achillée millefeuille, de camomille matricaire, de pissenlit et de valériane. Versez de l'eau bouillante sur les fleurs, laissez infuser 15 minutes, filtrez.
Les décoctions d'ortie, de prêle et d'écorce de chêne sont aussi très efficaces. Plongez les plantes dans l'eau froide et portez à ébullition. Laissez infuser 10 minutes, puis filtrez.
Ces tisanes et décoctions sont ajoutées au liquide nutritif fourni aux abeilles à raison de 3 g de chaque plante sèche dans 1/2 l d'eau. La tisane sera ajoutée à 100 l de sirop nutritif. Ces préparations sont bénéfiques quand l'année se termine par une quête de miellat.

Tâches des abeilles favorisées en fonction des constellations

Constellation	Symbole	Plante	Élément	Temps	Abeille
Poissons	♒		Eau	Humide	Prép. de miel
Bélier	♈		Feu-Chaleur	Chaud	Quête de nectar
Taureau	♉		Terre	Frais-Froid	Construction
Gémeaux	♊		Air-Lumière	Clair-Aéré	Quête de pollen
Cancer	♋		Eau	Humide	Prép. de miel
Lion	♌		Feu-Chaleur	Chaud	Quête de nectar
Vierge	♍		Terre	Frais-froid	Construction
Balance	♎		Air-Lumière	Clair-Aéré	Quête de pollen
Scorpion	♏		Eau	Humide	Prép. de miel
Sagittaire	♐		Feu-Chaleur	Chaud	Quête de nectar
Capricorne	♉		Terre	Frais-froid	Construction
Verseau	♑		Air-Lumière	Clair-Aéré	Quête de pollen

La création d'un nouvel essaim

Les éleveurs de reines ne trouveront des dates favorables pour le transfert des larves qu'à partir de juillet. Si l'on veut débuter plus tôt l'élevage, il faudrait utiliser les jours-fleur. Les jeunes reines fécondées issues des élevages de juillet devraient être introduites dans les essaims artificiels afin de renouveler les colonies, car de jeunes reines arrivant si tardivement seront plus sensibles aux maladies l'année suivante.

LA LUNE ET NOUS

Nul ne conteste que la longueur des jours, qui augmente ou diminue selon les saisons, influe sur notre activité et nos états d'âme. Au printemps, l'être humain retrouve un élan d'énergie et l'enthousiasme pour retourner au jardin. À l'automne, il se replie sur des activités plus intérieures, tournées vers la lecture, le repos et la méditation.
Par leur exposition permanente à leur environnement, les plantes et les animaux sont davantage soumis aux influences du cosmos. Cela dit, l'être humain ressent aussi les influences des mouvements planétaires, même si ces influences sont subtiles et probablement très différentes selon les tempéraments. Les enfants sont en moyenne

plus en contact avec les jeux électroniques ou les tablettes qu'avec la nature, ce qui les éloigne des rythmes naturels. Pour autant, il est intéressant d'observer ces subtiles différences dans le comportement des enfants en fonction des caractéristiques du positionnement de la Lune devant les constellations.

LA LUNE ET LES ENFANTS

L'influence de la Lune sur les hommes suppose une certaine finesse d'observation, une subtilité et une sensibilité cultivées au quotidien. Une enseignante néerlandaise, Barbara Goletz, a voulu observer l'impact des rythmes cosmiques sur ses élèves (*Lernfähigkeit im Zusammenhang mit kosmichen Rythmen : Beobachtungen einer Lehrerin*, Meister Verlag, 1984, non traduit en français). Ses expériences montrent des différences notoires de comportement chez les enfants selon la position de la Lune devant les constellations.

- **En jour-racine, les enfants sont plus éveillés, concentrés.** Les matières techniques et scientifiques sont favorisées.
- **En jour-fleur, c'est la créativité et l'imagination qui prédominent.** Les activités artistiques sont facilitées.
- **En jour-feuille, la concentration fait défaut.** On conseillerait à un adulte une petite tasse de café pour ne pas s'égarer dans les rêves. La réflexion est plus difficile.
- **Les jours-fruit sont harmonieux, les enfants sont plus stables dans leurs activités intellectuelles et manuelles.** Ils sont enthousiastes et respectueux des autres.

Bouse de corne
prête à être enterrée.

LES PRÉPARATIONS ET LES SOINS AUX PLANTES

Le deuxième pilier de la biodynamie est l'application de préparations pour le sol, la plante et le compost. La plante poussant entre Terre et Ciel, le sol doit être vivant et la plante doit pouvoir se relier aux forces du Cosmos, en particulier au Soleil par l'intermédiaire de la photosynthèse. Les préparations biodynamiques sont des outils indispensables pour avoir un jardin nourricier en bonne santé.

Utiliser les préparations biodynamiques est une démarche très différente de celle sur laquelle repose l'agriculture classique, qui réalise des apports directs de matières minérales comme l'azote, le phosphore et la potasse (N, P, K) selon des besoins supposés de la plante et préalablement calculés. Sous perfusion, la plante ne fait pas « l'effort » de chercher son aliment. Faute d'apports, elle devient chétive, sans vitalité. L'agriculteur ou le jardinier en biodynamie considère qu'il faut **créer les bonnes conditions environnementales pour que la plante trouve elle-même dans son milieu les éléments qui lui sont nécessaires**. Les préparations biodynamiques encouragent cette autogestion.

POURQUOI NUMÉROTE-T-ON LES PRÉPARATIONS BIODYNAMIQUES ?

Cela permet de les identifier de manière unique. Pour les agriculteurs, cela permet aussi d'avoir un suivi plus facile des préparations utilisées dans les différents champs et pour les différentes cultures.

COMMENT DYNAMISER UNE PRÉPARATION ?

Les préparations suivantes, la bouse de corne et la silice de corne, demandent chacune une dynamisation d'1 heure avant d'être épandues (la dynamisation a pour rôle d'oxygéner et de vivifier la substance). Une heure que le jardinier pourra mettre à profit pour prendre un peu de recul sur son quotidien.
Utilisez un seau conique de préférence, d'une contenance de 15 à 20 litres.
Remplissez-le d'eau tiédie de bonne qualité (l'eau de pluie est la meilleure, évitez les eaux javellisées du réseau, les eaux calcaires ou trop minéralisées). Tournez la préparation avec un bâton jusqu'à obtenir un tourbillon qui atteint le fond du seau, puis alternez le sens du brassage. Les préparations s'utilisent dès la dynamisation terminée ou dans les 3 heures maximum.

LES DEUX PRÉPARATIONS BIODYNAMIQUES DE BASE

La bouse de corne (aussi appelée 500)

On l'obtient par la maturation de bouse de vache dans une corne de vache enterrée tout l'hiver.

Comment faire ? On remplit une corne de vache adulte (elle a une forme spiralée) avec de la bouse de vache de bonne qualité. On enterre le tout à l'automne dans un sol riche. Au printemps, la corne est déterrée. La bouse s'est transformée en une substance proche de l'humus. C'est un véritable modèle de matière organique stable pour le sol, comme l'est le levain pour le pain.

À quoi sert-elle ? Cette préparation dynamise la vie du sol en favorisant sa structuration et la vie microbienne. Cela induit une bonne relation de la plante avec les forces terrestres grâce aux racines. Elle stimule la formation de l'humus : les plantes vont développer plus de racines et ainsi mieux approvisionner leurs parties supérieures.

Comment l'utiliser ? Par épandage sur le sol, en gouttes assez grosses. On peut prendre une balayette que l'on trempe dans la préparation.

Quand l'utiliser ? Elle est pulvérisée le soir, de préférence avant les semis de printemps, et à l'automne. On utilise aussi la bouse de corne avant les repiquages.

Cornes de vache remplies de bouse transformées en silice.

En quelles quantités ? Pour une surface jusqu'à 2 500 m^2, on utilise 25 g de bouse de corne brassés dans un volume d'eau de 3 à 10 l en fonction de la surface.

La silice de corne (501)

On l'obtient par la maturation de poudre de cristaux de quartz dans une corne de vache enterrée durant la période estivale.

Comment faire ? Une roche, le quartz, broyée finement, est introduite dans une corne de vache (comme la préparation de bouse de corne) et enterrée durant l'été, emmagasinant ainsi les forces estivales de la terre.

À quoi sert-elle ? La silice de corne améliore la qualité des fruits et légumes et favorise leur maturation. Elle augmente la résistance aux maladies de la plante en lui conférant équilibre et vigueur grâce à son action sur la chaleur et la lumière (elle renforce l'influence de la photosynthèse). Elle donne souplesse et solidité aux végétaux.

En haut, silice broyée et humidifiée puis mise en corne. En bas, dynamisation d'une préparation de silice de corne.

Comment l'utiliser ? La silice de corne se pulvérise sur les plantes déjà bien développées pour favoriser les parties aériennes des végétaux.

Quand l'utiliser ? La silice de corne se pulvérise tôt le matin, au lever du soleil, avec un pulvérisateur, sur les plantes déjà bien développées et vigoureuses. Il faut donc l'avoir dynamisée 1 heure auparavant. La silice de corne est appliquée le plus souvent à la fin du printemps, quand les plantes sont en pleine croissance. On l'utilise aussi durant l'été et au début de l'automne, quand les fruits se forment et avant les récoltes. Évitez de pulvériser sur des plantes jeunes ou faibles, cela pourrait bloquer leur croissance.

En quelles quantités ? Une pointe de couteau (environ 1 g) de silice de corne brassée 1 heure dans 5 à 10 litres d'eau, suffit pour 2 500 à 5 000 m^2 de surface cultivée.

LE COMPOST BIODYNAMIQUE

L'importance du compost

Le compost est le meilleur amendement organique qui soit. Il n'a que des avantages.
- Il permet le recyclage des déchets végétaux.
- Il apporte les précieux éléments minéraux dont la plante a besoin pour sa croissance : l'azote, le phosphore, la potasse et de nombreux oligoéléments. Par rapport à un simple fumier, le fumier composté contient en moyenne pour un même poids et une mêmc humidité : + 58 % d'azote total, + 43 % de phosphore, + 64 % de potassium, + 74 % de magnésium, + 73 % de calcium.
- L'apport de compost reconstitue le stock d'humus du sol, ce qui stabilise la structure de ce dernier.
- Un sol riche en humus conserve l'eau, ce qui évite les lessivages et limite les arrosages.

En haut, apport de jus de valériane. En bas, introduction de boulettes de préparations biodynamiques (*cf.* p. 26).

Faire un compost dans les règles

Il ne s'agit pas d'entasser pêle-mêle du fumier et des déchets végétaux, mais de monter un tas ordonné, en y incorporant des préparations biodynamiques afin d'obtenir un humus de composition stable et durable. Un compost ayant reçu des préparations de plantes médicinales biodynamiques est appelé compost biodynamique. L'objectif est de permettre l'alternance des phases de déconstruction et de reconstruction de la matière organique.

L'ÉVOLUTION DU COMPOST

Le compost doit passer par quatre phases afin d'acquérir les qualités nécessaires à son emploi. On retrouve ici la recherche d'équilibre entre les quatre éléments chers à la biodynamie. Ces périodes successives sont la phase de Chaleur qui supprime les bactéries nocives, la phase d'Air qui favorise l'apparition des champignons et des bactéries, la phase d'Eau qui voit apparaître la micro- et la macrofaune (cloportes, collemboles, etc.), puis enfin la phase Terre, celle des vers de compost.

À faire :

- L'aire de compostage doit rester au même endroit, à l'ombre d'une haie de noisetiers, de sureaux, de forsythias ou de cotonéasters.
- On peut utiliser ou fabriquer soi-même un silo à compost : la technique reste la même. En haut, apport de jus de valériane. En bas, introduction de boulettes de préparations biodynamiques (*cf.* p. 26).
- Laissez une petite ouverture à la base du tas pour pouvoir l'aérer, maîtriser la température et l'humidité et prélever du compost.
- Dans un petit jardin (moins de 100 m^2), un composteur du commerce d'1 m^3 fera l'affaire. Vous y entasserez tous vos déchets de cuisine, les adventices du jardin, les restes de récolte et toute matière organique végétale que vous pouvez récupérer.
- Pour un jardin de taille plus importante, il est vivement conseillé de se faire livrer du fumier animal, de préférence de vache.
- Couvrez le tas pour qu'il ne sèche pas ou ne soit pas lessivé par les pluies.

Reconnaître un compost mûr

La durée du processus de compostage est variable selon les saisons et les matériaux utilisés, mais en général, on compte entre 5 à 12 mois pour arriver au stade terminal de l'évolution. Quand le compost est parvenu à maturité, on n'y reconnaît presque plus les matériaux de départ. Il ne doit pas salir les mains. Les vers rouges n'y sont plus. Sa couleur devient noire et sa consistance, grumeleuse. Un compost trop âgé est de moins bonne qualité, car il aura perdu sa valeur nutritive. Mais il contribuera tout de même à l'amélioration de la structure du sol.

Comment l'utiliser ?

- Quand vous épandez le compost, ne le laissez pas en surface trop longtemps : incorporez-le superficiellement au sol pour le protéger. 2 kg/m^2 est une dose moyenne.
- Certaines cultures et certains sols apprécient des composts plus jeunes ou, au contraire, plus vieux et presque arrives au stade de terreau. Les tomates et les Cucurbitacées « digèrent » bien les fumures fraîches. Les sols asphyxiés par les mousses, pauvres et fatigués, réagissent bien aux composts jeunes (de 5 mois d'âge à peu près).
- On apportera du compost mûr à des sols bien structurés et riches.

La bonne dose pour chacun

Les doses de compost sont à adapter en fonction des caractéristiques des plantes (*cf.* tableaux de cultures p. 118). Les espèces peu gourmandes comme l'ail, les oignons, la mâche, les haricots, recevront une quantité moindre par rapport aux espèces moyennement gourmandes comme les carottes, les poireaux, les laitues, le chou-rave, la bette. Les choux, les céleris, les courges, les pommes de terre, les Cucurbitacées et les Solanacées recevront le plus de compost.

Les six préparations du compost

L'ajout de préparations équilibre l'évolution du compost. Ces préparations sont élaborées à base de plantes médicinales qui, pour la plupart, subissent une fermentation dans des organes animaux. Elles agissent un peu comme un levain dans la pâte à pain : elles dirigent la fermentation du compost, limitant les pertes en nutriments (par lessivage et évaporation) et en vitalité, elles favorisent l'assimilation des nutriments.
Elles sont élaborées à partir de six plantes : l'achillée millefeuille, la camomille, l'ortie, le chêne (écorce), le pissenlit et la valériane. Ces préparations sont incorporées dans le compost en quantité homéopathique.
On forme cinq boules de terre ou d'argile de la taille d'une olive en y incorporant dans chacune une pincée d'une des préparations. Ces boules sont introduites dans le tas à 1,50 m les unes des autres, sur les deux côtés, exceptée l'ortie qui sera mise au centre du tas sur le haut.
Jardiniers et agriculteurs de toutes les régions se regroupent pour les élaborer ensemble, ce qui donne lieu à des rencontres conviviales et stimulent les échanges d'expériences jardinières. L'objectif de la biodynamie est de favoriser l'autonomie des jardiniers et des agriculteurs et de leur donner les clés pour équilibrer leur jardin en limitant les achats à l'extérieur, d'où l'importance de la démarche associative. Mais il est aussi possible de commander ces préparations auprès d'élaborateurs professionnels.

1 **La préparation 502, d'achillée millefeuille** (*Achillea millefolium*), a une action sur la mobilité de la potasse, du soufre et de substances rares mais indispensables à la plante, l'or, le plomb, l'arsenic.

2 **La préparation 503 à base de camomille sauvage** (*Matricaria recutita*), grâce à sa teneur en soufre, possède un rôle régulateur du calcium. De par sa capacité à pousser dans des sols compactés, elle facilite les échanges et le processus de respiration du sol et des plantes.

3 **La préparation 504 de grande ortie** (*Urtica dioica*) harmonise les processus de l'azote grâce à sa teneur en fer et en soufre. Elle favorise une bonne humification.

4 **L'écorce de chêne pédonculé 505** (*Quercus robur*) permet d'insuffler une dynamique nouvelle au processus de la silice et de réguler les actions de la potasse. Elle renforce l'immunité des plantes.

5 **La préparation 506 issue de la fleur de pissenlit** (*Taraxacum officinale*) par sa teneur en phosphore, stimule les forces de Chaleur. Le pissenlit se plaît dans les pâturages fertilisés à l'excès par du fumier frais riche en azote. La préparation stimule la présence et la multiplication des vers de terre.

6 **Le jus 507 extrait de la valériane officinale** (*Valeriana officinalis L.*), par sa teneur en phosphore, stimule les forces de Chaleur. En arrosant le tas de compost avec cette préparation, on observe une augmentation de la température du tas. Par la suite, elle stimule la présence et la multiplication des vers de terre.

1

2

3

4

5

6

Voici un domaine maraîcher en biodynamie entouré de haies, où une mare enrichit la biodiversité du lieu en attirant des animaux auxiliaires, des insectes, des batraciens et des reptiles, garants d'un jardin en bonne santé.

L'ORGANISME AGRICOLE

Le troisième pilier de la biodynamie est la notion d'organisme. Un domaine agricole et un jardin ne peuvent se comprendre et trouver leur équilibre que dans la globalité de leur écosystème. De nos jours, le concept d'individualité agricole tel que défini par Rudolf Steiner il y a plus d'un siècle est largement développé par d'autres approches du jardin et de l'agriculture, comme l'agroforesterie et la permaculture, qui proposent des pratiques tout à fait compatibles avec la biodynamie.

Le jardinier en biodynamie a donc pour objectif de créer un « organisme jardin » autonome, possédant son propre équilibre écologique. La biodynamie considère que l'harmonie entre l'homme et la nature est le premier facteur d'équilibre. Et que cet équilibre permet aux plantes d'être en bonne santé en diminuant la pression des parasites grâce aux auxiliaires (le renard mange les campagnols, les syrphes se nourrissent des pucerons, les hérissons s'attaquent aux limaces, etc.) et en régulant les maladies. Plus le jardin sera inséré dans un milieu naturel équilibré, moins il faudra intervenir pour le soigner.
Exprimer l'idée d'individualité du jardin, c'est aussi affirmer que l'homme est le créateur de ce paysage jardiné. Il est au centre de son jardin, c'est lui qui décide des rotations, de la gestion de la fumure, des dates de semis, de la forme du jardin. Cela sous-entend que l'équilibre écologique est aussi l'équilibre de l'homme, partie intégrante de la nature et de son environnement. Le jardin doit être un lieu d'épanouissement et de satisfaction, des notions non mesurables mais fondamentales.

UN JARDIN EN ÉQUILIBRE

La recherche de l'équilibre d'un jardin consiste en une multitude d'actions, qui toutes tendent à favoriser la biodiversité végétale et animale. Parmi les plus faciles à mettre en œuvre :

- semez des bandes fleuries pour attirer les insectes auxiliaires
- plantez des haies d'espèces fruitières et locales, pour freiner le vent et offrir le gîte et le couvert aux oiseaux insectivores
- diversifiez les espèces et les variétés cultivées
- organisez des rotations de culture pour ne pas faciliter la tâche des prédateurs et des maladies
- créez un point d'eau pour les batraciens, mais aussi pour toute la faune environnante.

L'IMPORTANCE DES HAIES

Tout organisme vivant s'entoure d'une peau qui protège ses organes intérieurs, c'est le rôle de la haie dans le jardin. Elle est protectrice et nourricière. Les arbres freinent le vent qui dessèche, apportent de l'ombre et, par leur système racinaire, entraînent une meilleure circulation de l'eau. Les haies sont régulatrices. Pour composer une haie, rien de tel que de choisir des essences locales et variées, la nature est d'une telle richesse qu'il serait dommage de se priver de cette diversité.

- Certaines espèces sont ornementales : les beaux fruits du fusain, du houx, les fleurs du prunellier, des pommiers sauvages.
- D'autres sont parfumées : floraisons du chèvrefeuille, du troène, du robinier faux-acacia.
- Nombreuses sont celles qui sont comestibles : fruits du cornouiller mâle, de l'églantier, du sureau, du noisetier, de l'argousier.
- La haie peut aussi soigner, si des espèces médicinales (aubépine, sureau, saule) y sont intégrées.
- Elle peut même compléter le régime alimentaire d'un petit élevage car il existe des arbres fourragers.
- Les arbres de la haie, comme ceux du verger, créent des habitats pour les petits mammifères, les oiseaux, les chauves-souris. Cette faune va permettre de diminuer la densité d'insectes prédateurs.

UN PEU D'HISTOIRE

Les haies faisaient autrefois partie de l'écosystème de nos campagnes et elles étaient utiles à plus d'un titre :

- délimitation des propriétés
- clôture naturelle pour le bétail, abri et ombre
- bois de chauffe
- production de fruits
- fourrage en fin d'été pour les animaux et fourrage sec pour l'hiver
- lieu de recyclage de la matière organique, où l'on mettait à leur pied feuilles, bois inutilisables et déchets organiques en tout genre.

Pour apprendre comment créer une haie chez soi, référez-vous aux ouvrages existants sur le sujet tels ceux de Dominique Soltner (*Planter des haies, brise-vent, bandes boisées, bosquets*, Éditions Siraudeau, 2013) de Christian Cogneaux (*Plantes des haies champêtres*, éditions du Rouergue, 2009) ou encore de Martin Crawford (*La forêt-jardin*, Éditions Ulmer, 2017).

LES BIOCORRIDORS POUR LE BRASSAGE DES GÈNES

Quand nos haies sont proches les unes des autres, elles dessinent une trame verte : un biocorridor. Elles offrent une succession d'habitats naturels où les populations d'oiseaux, de petits mammifères, d'insectes peuvent s'abriter, se nourrir, se reproduire mais aussi se déplacer. Elles permettent aux espèces animales de traverser un lieu habité par l'homme pour aller chercher un partenaire sexuel génétiquement éloigné. Cela évite l'isolement génétique des espèces, qui conduit toujours à une perte de vigueur des populations. Ces échanges sont vitaux pour le maintien de la biodiversité animale et pour la survie à long terme de la plupart des espèces. Certaines espèces, comme les araignées sauteuses, refusent de traverser un espace non végétalisé et ont besoin de ces corridors.

LES AVANTAGES DES PLANTES INDIGÈNES

Les plantes indigènes ont toujours ou presque poussé dans nos régions sans intervention humaine.

- Elles sont totalement adaptées à la faune et à la microfaune de nos régions.
- Leur entretien demande moins de temps et d'énergie.
- Elles supportent mieux les sècheresses ou les gels un peu plus forts que la normale.
- Elles ne demandent pas de protection en hiver.
- Elles risquent moins de disparaître soudainement que les espèces introduites.
- Elles résistent aussi mieux aux insectes ravageurs, aux champignons ou aux bactéries pathogènes. Les espèces autochtones ont toujours survécu à leurs prédateurs.

LES ENGRAIS VERTS, LE SOIN DU SOL

Cultiver des engrais verts présente de multiples intérêts, même si c'est un surcroît de travail (semis, fauche et incorporation au sol…). En effet, l'engrais vert apporte une matière organique précieuse grâce aux tiges, feuilles et racines rendues au sol. Une fois broyées et incorporées à la terre, elles contribuent à apporter de la vie et des éléments nutritifs rapidement utilisables par les plantes. Par ailleurs, la plantation d'engrais verts évite l'érosion et le lessivage des sols grâce au système racinaire qui retient l'eau et les éléments, contrairement à une terre laissée à nu. Ce système racinaire, de structure très différente selon les espèces, maintient la structure du sol, favorise son aération et donc l'équilibre entre les quatre éléments Chaleur, Eau, Air et Terre. Il ne faut pas oublier que si la plante puise des nutriments dans le sol, elle nourrit aussi le sol par les exsudats racinaires. Il y a un échange permanent, une symbiose entre la plante et le sol, par le biais notamment des mycorhizes et des animaux du sol.

Dans le tableau ci-contre sont rassemblés les paramètres à prendre en compte dans le choix des espèces à semer, leur facilité d'implantation, la quantité de masse végétale produite, les différents éléments apportés (phosphore, potasse, azote), le type de développement racinaire en profondeur ou en largeur ainsi que le rôle sur les micro-organismes ou bactéries du sol.
Selon les cultures précédentes et à venir, on modifiera les proportions de Fabacées (ex-légumineuses) qui apportent de l'azote, de Brassicacées (ex-crucifères) qui apportent du soufre et de Poacées (ex-graminées) qui favorisent les champignons mycorhiziens. L'idéal est de diversifier le plus possible les variétés.

Champ de lin, excellent engrais vert.

Le trèfle apporte de l'azote au sol.

Quelques caractéristiques d'engrais verts classiques

ENGRAIS VERT	RAPIDITÉ D'INSTALLATION	DÉV. RACINAIRE ET STRUCTURATION DU SOL	MASSE DU COUVERT VÉGÉTAL	QUALITÉ MELLIFÈRE	RÉCUPÉRATION DES EXCÈS DE FUMURE ET DES NITRATES	EFFETS POSITIFS SUR LES MALADIES ET RAVAGEURS
Chou, moutarde, navet, colza	Forte. Sol calcaire et profondeur en pivots	Fort	Forte	Bonne	Bonne. Apport d'azote, de phosphore et de soufre	Libération de composés soufrés dans le sol qui le désinfectent
Sarrasin	Forte. Sols acides et/ou pauvres	Faible	Moyenne	Forte	Bonne. Apport d'azote. Bonne association avec la bourrache et la consoude pour le renforcer encore	Limite le développement des autres adventices
Vesce et trèfle violet	Moyenne. Développe la vie microbienne	Moyen	Moyenne	Faible	Les dicotylédones vont nourrir les champignons du sol	Fixent l'azote de l'air
Phacélie	Forte	Fort	Forte	Forte	Moyenne	Apport de phosphore
Ray-grass, moha, céréales	Bonne. Action en profondeur	Fort	Moyen	Faible	Nourrissent les mycorhizes	Le ray-grass italien est une plante piège de la hernie des Crucifères

D'après Gérard Augé dans *Biodynamis* n°68

Les Brassicacées sont adaptées aux sols calcaires. Leurs racines en forme de pivots décompactent le sol. **Le sarrasin** est davantage apte à pousser dans les sols acides. **La phacélie** est très mellifère, elle attire et nourrit les insectes auxiliaires. Elle s'installe facilement et développe une importante quantité de racines et de matière végétale. Comme **le lin** et **le bleuet**, elle permet d'apporter du phosphore aux sols faiblement pourvus. **Le sarrasin et la phacélie** sont les plantes qui soutiennent le mieux les abeilles et autres insectes auxiliaires, encore faut-il les laisser fleurir, au moins partiellement.
Les Fabacées, comme **la vesce, la luzerne, le trèfle, le sainfoin, le mélilot**, ont l'avantage de fixer dans le sol l'azote de l'air et de nourrir les champignons du sol. Elles produisent une quantité moyenne de matière végétale et occupent bien le sous-sol. Le semis est un peu plus exigeant, le lit de semis doit être assez fin, car la germination et l'implantation sont assez lentes. Si la pluie fait défaut, il faut prévoir un arrosage.
Les céréales, les Poacées comme **le ray-grass**, **le moha** (*Setaria italica* subsp. *moharia*), occupent et structurent bien la terre tout en apportant de la matière végétale dans et sur le sol.
Le souci, la grande mauve, le lin, le trèfle incarnat, la bourrache, l'aneth, le bleuet, la nigelle, la coriandre sont conseillés pour les abeilles, car ils donnent pollen et nectar et peuvent être intégrés dans un mélange.

LES ROTATIONS DE CULTURE

La rotation des cultures est la succession de cultures différentes sur une même parcelle, chaque année ou plusieurs fois dans l'année. La rotation est un moyen important de prévention des attaques parasitaires et cryptogamiques. Une succession de plantes aux racines différentes (plus ou moins profondes, pivotantes ou fasciculées, fines ou épaisses, en symbiose ou non avec des bactéries *Rhizobium* fixatrices d'azote) permet d'aérer le sol. Ces rotations participent à la fertilité du sol et à sa protection. Elles contribuent donc à l'obtention de plantes en bonne santé et résistantes. Assurer une bonne rotation permet aussi d'éviter le lessivage et l'érosion des sols par la présence le plus longtemps possible de plantes en culture. Concrètement, trois paramètres sont pris en compte :

- **Les familles botaniques :** on alterne des plantes appartenant à des familles botaniques différentes, qui n'attirent pas les mêmes parasites ni les mêmes maladies. De plus, des plantes de la même famille botanique excrètent les mêmes substances dans le sol et en retirent les mêmes nutriments. L'alternance de familles botaniques préserve la diversité des nutriments dans le sol.
- **Les besoins :** on alterne des plantes aux besoins nutritionnels différents. Après une plante gourmande, viendra une plante peu exigeante.
- **Les parties récoltées :** on fait se succéder des plantes dont on récolte des parties différentes (racine, tige, feuille, fleur ou fruit). À un légume-racine qui aura travaillé la structure du sol, succède un légume-feuille qui demande de l'azote, puis un légume-fleur et un légume-fruit, qui demandent potasse et phosphate.

Si vous disposez de suffisamment de surface, il est vivement conseillé de terminer un cycle de culture (au bout de 4 ans par exemple) par le semis d'un engrais vert pour reposer le sol. Après un engrais vert, on cultive en général des légumes fortement exigeants en nutriments.

Le poireau est un légume très gourmand. L'année suivante, on lui fera succéder une culture moins exigeante.

DE L'UTILITÉ DE FAIRE UN PLAN

Les résultats de la rotation de culture s'observent sur le long terme. Le sol récupère plus ou moins vite ses forces selon les familles de plantes. Des représentants de la même famille de plantes ne doivent pas être plantés avant 3 ans minimum sur la même plate-bande. Les Brassicacées, elles, ne devraient être cultivées que tous les 5 ans sur la même plate-bande. Cela implique de dessiner le plan du jardin pour éviter des erreurs dans la rotation ; ce que nous vous proposons de faire dans ce calendrier (*cf.* p. 42). Lorsqu'en automne ou en hiver, vous planifiez vos cultures pour l'année à venir, faites un schéma ou un tableau représentant chaque plate-bande du jardin. Inscrivez les cultures prévues et conservez les plans de chaque année. Ils serviront de référence pour la planification des cultures de l'année suivante. Vérifiez à chaque début de saison le contenu des plates-bandes de la saison précédente.

Le calendula, ici planté dans un rang de tomates, est nématicide et attire les insectes prédateurs des nuisibles.

MÉMO DES FAMILLES À CONNAÎTRE

Alliacées : ail, oignon, poireau, ciboule, ciboulette, échalote.
Apiacées : aneth, angélique, carotte, carvi, coriandre, cumin, cerfeuil, céleri, fenouil, persil, panais.
Astéracées : artichaut, salades (laitue, chicorée, salade à couper, batavia, scarole, frisée, pissenlit), tournesol, cardon, camomille, estragon, salsifis.
Brassicacées : choux, roquette, radis, navet, cresson alénois et de jardin.
Chénopodiacées : bette, betterave, épinard.
Cucurbitacées : courge, pastèque, pâtisson, potimarron, courgette, concombre, cornichon, melon, potiron.
Fabacées : fève, haricot, lentille, pois, trèfle, vesce, sainfoin.
Lamiacées : basilic, lavande, menthe, romarin, thym.
Poacées : blé, seigle, avoine, maïs.
Polygonacées : oseille, rhubarbe.
Rosacées : fraisier, framboisier, mûre.
Solanacées : aubergine, piment, pomme de terre, poivron, tomate.
Valérianacées : mâche.

PRIVILÉGIER DES SEMENCES LOCALES

Multiplier ses propres semences permet de cultiver une plante « habituée » (sélectionnée depuis des siècles) à un terroir, à un climat, à un sol, à un environnement. Ainsi, elle ne subit pas le stress d'une adaptation à un lieu parfois très différent de celui où les multiplicateurs de semences l'ont produite. De plus, récolter soi-même ses semences rend possible une sélection sur ses propres critères de qualité gustative, de résistance aux maladies, d'aptitude à la conservation, de couleurs, de rendement, etc. Pour cela, il faut développer son sens de l'observation et sélectionner la plante qui correspond aux objectifs recherchés. Notre outil de sélection s'appuie sur les sens : goûter, sentir et regarder.

La plante a besoin de se régénérer en passant par la semence. La multiplication végétative stricte (pomme de terre, ail, vigne, fraisier) finit par affaiblir la plante, ce qui peut se traduire par l'apparition de viroses qui ne peuvent être soignées. Il faut alors éliminer les plantes atteintes. La reproduction par semence est au contraire un mode de reproduction solaire, porteur de forces d'avenir. Dans la plupart des cas, les semences d'une plante infectée par un virus restent saines et donnent une plante saine. **La constellation de Chaleur du Lion est à privilégier pour les travaux réservés aux semences.**

- **Les espèces autogames** (elles se pollinisent elles-mêmes) annuelles sont faciles à sélectionner, leur pollinisation n'est pas perturbée par le voisinage d'une autre variété avec qui elles pourraient s'hybrider. C'est notamment le cas des haricots, des pois, des laitues, des tomates. C'est un plaisir de récolter ses graines, de les sécher et de les ressemer l'année suivante après avoir fait un test de germination.
- **Les espèces allogames** (il faut une autre plante pour la pollinisation) obligent à éloigner les plantes les unes des autres pour éviter les croisements *via* un pollen non désiré. C'est le cas pour les plantes allogames anémophiles (le pollen est transporté par le vent), betterave, bette, épinard, en particulier et pour les plantes entomophiles (le pollen est transporté par les insectes), des Brassicacées (choux, radis, cresson, navets), des Cucurbitacées (concombre, courges, melon), des Apiacées (carottes, céleri, persil), des Astéracées (chicorées, scorsonères), des Alliacées, (oignon, poireau, ciboule) et de certaines Solanacées (piment, poivron, aubergines).
- **Pour les bisannuelles**, il faut semer, sélectionner plusieurs porte-graines parmi les plantes choisies, les hiverner, puis les repiquer pour récolter les graines à maturité. Pour les variétés dont les semences présentent des complications à produire, il est plus facile de faire confiance aux sélectionneurs et producteurs de semences biologiques ou biodynamiques qui font un travail qui mérite d'être encouragé.

En haut, semences de carottes et de panais (Apiacées, plantes entomophiles).
En bas, salades montées en graines (espèces autogames).

LES RÉPONSES BIODYNAMIQUES AU CHANGEMENT CLIMATIQUE

Des années où les récoltes sont anéanties par le gel, la grêle ou la sécheresse ont toujours existé. Mais ces phénomènes diffèrent des dérèglements constatés ces vingt dernières années.

Le constat

L'année 2022 n'a pas échappé à cette réalité : les températures enregistrées en mai et en octobre ont été les plus élevées depuis le début des mesures, en 1900. Cinq vagues de chaleur se sont produites en 2022, dont une très précoce en mai et une très tardive en octobre. 2022 se classe au troisième rang des périodes de sécheresse les plus longues en France (8 mois). Et le déficit hydrique a été de 25 % à l'échelle nationale, avec localement des pointes à 40 % (Provence-Alpes-Côte d'Azur, Corse du nord-est). À l'inverse, les températures ont battu des records de froid pour un mois d'avril avec des valeurs 4 à 6 °C en dessous des normales. Les gelées ont été quasi généralisées sur l'Hexagone.

Les réponses de la biodynamie

L'agriculture biodynamique cherche des solutions, à son échelle. De bonnes pratiques culturales, le maintien de la végétation en hiver et d'un bon taux d'humus par l'apport de matière organique, et la plantation de haies permettent de mieux absorber les précipitations, limitent les risques d'inondation et modèrent l'action du vent et du soleil. Il faut bien entendu limiter l'artificialisation des sols et leur bétonnage.

Les préparations biodynamiques et le compostage permettent d'augmenter le taux d'humus du sol et donc sa capacité à fixer le carbone, ce qui contribue à limiter le réchauffement climatique. Quelques recettes existent aussi pour lutter contre le stress hydrique et la canicule.

Stress hydrique léger

La tisane de **fleurs de camomille** (*Matricaria recutita*) va déstresser les plantes et favoriser une assimilation bloquée par la chaleur et le manque d'eau. Elle endurcit les plantes contre les maladies cryptogamiques.
Faites tremper 10 g de fleurs sèches dans 3 l d'eau, portez à ébullition, laissez refroidir puis filtrez. Cette tisane est diluée pour obtenir la quantité de liquide nécessaire au jardin.

Stress plus prononcé

La tisane de fleurs d'**achillée millefeuille** (*Achillea millefolium*) stimule les cultures gourmandes en soufre comme les Alliacées, favorise l'assimilation de la potasse et a une action antifongique. Elle aide à résister à la sécheresse.
Procédez de la même façon que pour la camomille ou mettez 50 g de fleurs fraîches dans 3 l d'eau et exposez une journée en plein soleil. Filtrez et pulvérisez le lendemain.

Brûlures

Ajoutez dans les deux tisanes précédentes des **fleurs de millepertuis** (*Hypericum perforatum*) connues pour leur capacité à adoucir les brûlures. Le **millepertuis** stimule aussi la résistance à la rouille et au mildiou.
Ajoutez 10 g de fleurs sèches lors de l'élaboration de la tisane de camomille ou d'achillée ou préparez une solution hydro-alcoolique à 35° d'alcool avec une macération de fleurs fraîches au soleil (50 g/0,25 l) d'une quinzaine de jours (pas plus) que vous agiterez de temps à autre. Cette solution se conserve plusieurs années (10 ml dans 3 l de tisane).

L'**aloe vera** stimule la reprise de végétation et provoque la formation d'antioxydants. Ouvrez une feuille et grattez le mucilage, ajoutez-le à 3 l d'eau additionnés d'un 1/2 jus de citron. Laissez macérer 24 h dans l'obscurité, filtrez et dynamisez avant de pulvériser sur les plantes.

Le **figuier de Barbarie** (*Opuntia ficus-indica*) est utile pour de grandes surfaces culturales. Il est cicatrisant, apaise les brûlures, empêche le vieillissement des tissus et favorise l'émission d'antioxydants. Laissez macérer à froid 3 à 4 jours 500 g de raquettes (ou cladodes) hachées grossièrement dans 10 l d'eau tiède. Filtrez et pulvérisez.

Ces tisanes ou macérations sont pulvérisées en soirée. Vous pourriez ajouter dans les tisanes chaudes 10 g par litre de **bois de saule** haché, que vous laisserez macérer jusqu'à refroidissement, pour amplifier leur effet.

Pour lutter contre le gel et la grêle

La pulvérisation de **jus de valériane**, dynamisée 20 min (5 ml/ha), a une action préventive jusqu'à -2 °C. Appliquez peu de temps avant que la température ne baisse. Elle a aussi un effet curatif si elle est rapidement pulvérisée après le choc thermique. On peut y rajouter 1 à 5 ml de teinture mère d'arnica.

D'autres recettes aident la plante :
- les tisanes de **consoude**, d'**achillée millefeuille**, de **souci**, de **lavande** ainsi que l'émulsion de **propolis** sont à expérimenter. La dynamisation des tisanes de 10 à 20 min (30 à 35 cl d'eau/100 m^2) renforce leur efficacité, mais il faut pulvériser dans la foulée.
- La pulvérisation de **silice de corne** aide la plante à se restructurer et à se revitaliser après un choc climatique. Pulvérisez-la 1 à 2 semaines après la grêle, puis encore une fois 1 à 2 semaines plus tard.
- Les poudrages à l'**argile** ou aux **algues** ou en mélange des deux ont un effet cicatrisant et séchant intéressant.

COMPRENDRE SA MÉTÉO LOCALE GRÂCE À LA PHÉNOLOGIE

La phénologie est l'étude des phénomènes périodiques lies au monde du vivant.
Ils sont influencés par les variations saisonnières et, en particulier les variations des quatre éléments chers à la biodynamie : Chaleur, Eau, Terre et Lumière (dynamique de la durée du jour, de la couverture nuageuse…).
La phénologie permet d'avoir des repères par rapport aux dates de semis ou de plantation. Dans mon village par exemple, les Anciens m'expliquaient que lorsque le sommet du Staufen, la montagne qui domine la vallée, a reverdi, les premiers semis de haricots peuvent être entrepris.
En fond de vallée, quand la neige avait disparu du Hohneck à 1 370 m d'altitude, les premiers semis étaient possibles.
Les végétaux, les mammifères, les insectes, les oiseaux, par les migrations (départ et arrivée des hirondelles par exemple), sont tous des repères phénologiques locaux importants.
La feuillaison, la floraison, la fructification ou la coloration des feuilles donnent des indications précieuses au jardinier sur les possibilités ou non de cultures.
L'apparition anormalement décalée d'événements phénologiques est un indice d'éventuels changements climatiques qui nous permet d'adapter nos dates de semis ou de plantation. Ces phénomènes nous poussent à être à l'écoute de la nature, à nouer un lien avec elle, à apprendre sans cesse à affiner nos connaissances.

Quand le Petit Ballon, dans les Vosges, est encore recouvert de neige, en plaine, les semis doivent être retardés.

TABLEAU, MODE D'EMPLOI

C'est pour cette raison que nous vous proposons dans ce calendrier, mois par mois, de noter les dates d'apparition des événements phénologiques propres à votre jardin. Cela vous permettra de vous approprier, petit à petit, votre météo locale et de comprendre quels sont les moments les plus appropriés pour entreprendre les travaux au jardin.
Noter chaque jour les températures minimales et maximales vous permettra d'observer des tendances et, par exemple, de savoir si vous pouvez raisonnablement vous lancer dans certains semis ou au contraire, s'il est préférable d'attendre.

L'évolution, au fil des jours, de l'ensoleillement, des précipitations et des vents vous permettra de mieux comprendre dans quel environnement les plantes de votre jardin évoluent et quels sont les phénomènes qui favorisent ou, au contraire, limitent leur développement. Vous serez surpris de constater à quel point le microclimat de votre jardin est différent de celui d'un autre jardin à 30 km de chez vous !
Repérer comment la flore et la faune autour de vous réagissent aiguisera aussi votre regard. Bien mieux que nous, les arbres et les insectes savent quel est le « bon moment » pour germer, fleurir, s'aventurer dehors sans trop craindre des coups de froid.
Quand dans le tableau ci-dessous, je note que le coucou a chanté le 8 avril, probablement plus tôt que l'année précédente, je sais que les températures du sol permettent de planter les oignons et les échalotes. Les abeilles sont sorties le 7 avril, la vie reprend intensément dans la ruche, les floraisons se multiplient, je peux tranquillement semer en extérieur les choux-raves et les betteraves rouges. L'arrivée des premières hirondelles m'autorise à tenter un premier semis de haricots.
En remplissant quotidiennement le tableau, vous garderez aussi la trace, d'année en année, des phénomènes météorologiques qui auront influencé vos cultures et comprendrez pourquoi telle ou telle plantation a souffert ou, au contraire, bénéficié des conditions locales, à ses différents stades d'évolution.

JOURS	TEMPÉRATURES (°C)		PLUIE (ML)	VENT (KM/H)		MÉTÉO					OBSERVATIONS PHÉNOLOGIQUES
	Min	Max		direct.	force	soleil	éclaircies	nuageux	pluie	neige	
Mardi **1**	1	3		N	35				X		
Jeudi **2**	-1	10		N.E	39			X			
Jeudi **3**	5	19	2	N.E	40		X				
Samedi **4**	11	21	3	S.O	80		X				Floraison forthysia
Samedi **5**	4	16		S.O	58	X					Floraison des narcisses
Lundi **6**	2	13		S.O	33		X				
Lundi **7**	5	21		S.O	43	X					Premières abeilles
Mardi **8**	9	20		S.O	49	X					Chant du coucou
Jeudi **9**	6	22		S.O	21	X					Floraison des prunus
Jeudi **10**	11	25		S.O	40	X					Floraison des magnolias
Samedi **11**	12	19		S.O	44		X				Premier papillon Citron
Samedi **12**	10	24	14	S.E	58		X		X		Anémones sylvestres

DESSINEZ VOTRE JARDIN NOURRICIER 2025

CALENDRIER 2025

JANVIER

Période des jours les plus courts de l'année. Les températures négatives ont des conséquences positives sur la vie du jardin : élimination des parasites, amélioration de la structure du sol et apport d'azote par la neige. Le Soleil passe de la constellation du Sagittaire à celle du Capricorne.

QUELQUES REPÈRES PHÉNOLOGIQUES

Notez les dates de floraison des perce-neige (1), l'apparition des fleurs de noisetiers (2) et dans le Sud, celles du romarin ou du mimosa (3).

AU JARDIN

- Assurez l'entretien du matériel, gérez le stock de semences.
- Planifiez les rotations des cultures à partir d'un croquis (*cf.* p. 42).
- Quelques semis sont envisageables sous serre ou sous couche chaude.
- C'est le moment d'installer des nichoirs pour les oiseaux (rappelons qu'une mésange ingère quotidiennement son poids de chenilles et d'autres ennemis des cultures) et des abris à insectes auxiliaires comme les chrysopes, les coccinelles, les syrphes, les forficules, etc.

VERGER ET HAIES

Période de la taille et des plantations, mais attention, interventions à proscrire en cas de gel.

RUCHE

Réalisez les travaux d'entretien (entretien des abords du rucher, repeindre les corps de ruche et les hausses, décirer les vieux cadres…).

JOURS	TEMPÉRATURES (°C)		PLUIE (ML)	VENT (KM/H)		MÉTÉO					OBSERVATIONS PHÉNOLOGIQUES
	Min	Max		direct.	force	☼	⛅	☁	🌧	❄	
Merc. **1**											
Jeudi **2**											
Vend. **3**											
Samedi **4**											
Dim. **5**											
Lundi **6**											
Mardi **7**											
Merc. **8**											
Jeudi **9**											
Vend. **10**											
Samedi **11**											
Dim. **12**											
Lundi **13**											
Mardi **14**											
Merc. **15**											
Jeudi **16**											
Vend. **17**											
Samedi **18**											
Dim. **19**											
Lundi **20**											
Mardi **21**											
Merc. **22**											
Jeudi **23**											
Vend. **24**											
Samedi **25**											
Dim. **26**											
Lundi **27**											
Mardi **28**											
Merc. **29**											
Jeudi **30**											
Vend. **31**											

Jour	✱	☽	Conseils
Merc. 1	♐ 10h27	LUNE MONTANTE	Appliquez le badigeon (*cf.* p. 107) au pinceau ou à la brosse à tapisser sur le tronc et le début des branches charpentières après avoir brossé les mousses et lichens.
Jeudi 2	♉		Plantez l'ail en terre légère, sur butte pour limiter le risque de maladies. En terre lourde (argileuse), mélangez du sable (pour améliorer le drainage) et des cendres de bois (contre les maladies).
Vend. 3	11h34		
Samedi 4	♒		Bouturez les arbustes à fleurs. Prélevez des jeunes rameaux de rosier, forsythia, seringat ou groseillier à fleurs et coupez-les en tronçons de 20 cm. Fichez-les par groupes de 3, aux ¾ de leur longueur. Plantez les arbres et arbustes à fleurs. N'hésitez pas à enlever tout le terreau des conteneurs et à couper les racines trop longues. 16h → 20h ☌
Dim. 5	06h44	☊ 17h → 0h	13h → 18h ☌
Lundi 6	♓		Appliquez le badigeon (*cf.* p. 107) sur le tronc et le début des branches charpentières des arbres fruitiers après avoir supprimé les mousses et lichens. Sous serre ou sous couche chaude, semez des laitues et des chicorées (scaroles et frisées). Leur levée sera rapide, prévoyez déjà une autre couche pour le repiquage.
Mardi 7	23h37	13h P	
Merc. 8	♈	13h	5h
Jeudi 9	16h22		☿☊ 17h
Vend. 10	♉		Protégez les légumes-racine en silo encore en place. Un épandage de paille couvert d'une bâche les protège du froid. Un fin grillage permet d'éviter les dégâts des rongeurs.
Samedi 11		5h	
Dim. 12	05h50	LUNE DESCENDANTE	
Lundi 13	♊	☺ 23h	Dans les régions de climat doux, taillez court les arbustes à fleurs d'été (hibiscus, buddléia, caryoptéris) afin de stimuler la croissance de nombreuses pousses porteuses de fleurs.
Mardi 14	07h00		
Merc. 15	♋ 21h24		Si l'hiver est doux, une tonte rase permet de densifier le gazon et de niveler le sol tout en enlevant les dernières feuilles mortes, mais attention, ne le faites que si aucun gel n'est annoncé dans les 3 à 5 jours suivants ! 15h
Jeudi 16	♌		♀☋

Merc.
1

Jeudi
2

Vend.
3

Samedi
4

Dim.
5

Lundi
6

Mardi
7

Merc.
8

Jeudi
9

Vend.
10

Samedi
11

Dim.
12

Lundi
13

Mardi
14

Merc.
15

Jeudi
16

Jeudi 16

Vend. 17 ♌

Plantez les arbres et les arbustes fruitiers (hors gel) à racines nues.
Paillez sous les jeunes arbres fruitiers après avoir sarclé. Apportez compost et basalte au-dessus du paillage, ce qui incitera les vers de terre à venir chercher et enfouir cette matière organique. Si le temps est doux et si elles sont vigoureuses, divisez les vivaces à floraison printanière (doronics, campanules, etc.).

♀☊ 9h

Samedi 18 — 16h54

Dim. 19 — ☊ 23h → 6h

Récoltez les légumes-racines encore en place : radis noirs, navets, betteraves rouges, panais, salsifis, scorsonères, topinambours, céleris et carottes. Il est plus facile de les protéger du gel en cave ou en cellier. Continuez les récoltes de légumes racine et surveillez régulièrement votre silo en supprimant les racines qui s'abîment.

Lundi 20 ♍

22h – 10h — A

Mardi 21

Surveillez aussi la présence des micromammifères qui peuvent s'attaquer aux racines conservées en plein champ. Préparez une couche chaude en creusant une fosse que vous remplirez de compost, de feuilles d'ortie séchées, puis recouvrez de bonne terre mélangée avec du terreau. Vous pourrez ainsi procéder à des semis réguliers de plantes des différentes familles.

Merc. 22 — 13h56

Jeudi 23 ♎

Dès que les perce-neige pointent, on peut les prélever et les diviser pour les replanter aussitôt (à la même profondeur) : arrachez-les avec les bulbes et partagez-les en petits poquets de 3-5 plants. Replantez-les en veillant à enterrer à nouveau toute la partie blanche des tiges.

15h ☍ 2h

01h53

Vend. 24

Samedi 25 ♏

Dans les régions du nord, semez vos premières salades dans une terrine posée sur un radiateur, près d'une fenêtre. Vous pourrez les repiquer dans un châssis ou une petite serre d'ici 3 semaines environ.

LUNE DESCENDANTE = PLANTATION

Dim. 26 — 13h15 — 15h

Lundi 27 ♐

On peut tenter un semis de fèves dans les régions de climat doux ou si l'hiver s'annonce clément. Couvrez le sol d'un voile de forçage à laisser en place jusqu'à ce que les plantules aient leurs premières feuilles.

Mardi 28 — 19h12

LUNE MONTANTE

22h → 2h ☿

Merc. 29 ♉ — 14h

Dans un châssis bien protégé, semez vos premiers radis. Ils mettront un peu plus de temps à lever qu'au printemps, mais vous pourrez les déguster dans 1 mois. Sous tunnel ou en serre, plantez ail et oignon dans des terres légères et si possible, sur butte. Divisez votre sac de bulbilles par trois et plantez-en seulement le tiers, et attendez 3 semaines avant de planter la 2e partie. Vous éviterez de gros dégâts s'il gèle fort et vous étalerez les récoltes.

Jeudi 30 — 19h15

16h △ 5h

Vend. 31 ♒

Plantez des cornouillers mâles (*Cornus mas*) en haie libre : ils ne vont pas tarder à fleurir et produiront en août/septembre des fruits hyper riches en vitamine C.

Jeudi 16

Vend. 17

Samedi 18

Dim. 19

Lundi 20

Mardi 21

Merc. 22

Jeudi 23

Vend. 24

Samedi 25

Dim. 26

Lundi 27

Mardi 28

Merc. 29

Jeudi 30

Vend. 31

FÉVRIER

Presque de manière imperceptible, les jours rallongent. Le Soleil passe de la constellation du Capricorne à celle du Verseau.

QUELQUES REPÈRES PHÉNOLOGIQUES

- Les noisetiers sont en pleine floraison dès le début de mois, suivis en fin de mois par le prunier myrobolan, le cornouiller mâle et le saule Marsault. Les tussilages (1) commencent eux aussi à fleurir.
- Fin février, vous pouvez entendre le chant de l'Accenteur mouchet (2), signe que les jours rallongent et que la sortie de l'hiver approche. Par temps clément, apparition des premiers Paon de jour (3) et des osmies, petites abeilles sauvages.

AU JARDIN

- Commandez les semences qui manquent ou celles dont la faculté germinative est trop faible après avoir planifié les rotations des cultures à partir d'un petit croquis.
- Soin des outils : enduisez d'huile de lin les manches d'outils en bois, affûtez les fers de bêches, sarcloirs et autres outils de travail du sol.
- Début des semis sur couche chaude ou sous tunnel (choux, salades, céleri). Le fumier de cheval se prête bien à ce type de cultures. Par-dessus le fumier, on couvrira par une couche de 20 cm au moins de bonne terre.
- Début de l'épandage de compost : une fois étalé, il doit être légèrement enfoui pour éviter son desséchement et favoriser son incorporation à la terre.
- Fauchez les engrais verts afin qu'ils sèchent quelques jours au sol avant d'être incorporés.

VERGER ET HAIES

Bouturez les saules pour constituer des haies vives, vous planterez ces boutures en mars.

RUCHE

Effectuez des nourrissements si nécessaire et surveillez les colonies faibles et l'arrivée du frelon asiatique. Lorsque la température est autour de 10 °C, vous pouvez déplacer les ruches en prenant soin de ne pas disloquer la grappe. C'est le moment aussi de confectionner des cadres pour le printemps.

JOURS	TEMPÉRATURES (°C)		PLUIE (ML)	VENT (KM/H)		MÉTÉO					OBSERVATIONS PHÉNOLOGIQUES
	Min	Max		direct.	force						
Samedi **1**											
Dim. **2**											
Lundi **3**											
Mardi **4**											
Merc. **5**											
Jeudi **6**											
Vend. **7**											
Samedi **8**											
Dim. **9**											
Lundi **10**											
Mardi **11**											
Merc. **12**											
Jeudi **13**											
Vend. **14**											
Samedi **15**											
Dim. **16**											
Lundi **17**											
Mardi **18**											
Merc. **19**											
Jeudi **20**											
Vend. **21**											
Samedi **22**											
Dim. **23**											
Lundi **24**											
Mardi **25**											
Merc. **26**											
Jeudi **27**											
Vend. **28**											

Samedi 1	♒ 13h14		3h → 8h ☌
Dim. 2	♓	16h P 16h · ☊ 19h → 2h	20h → 0h ☌
			Sous serre ou sous petit tunnel, semez des épinards à la volée. Vous récolterez vite des jeunes pousses pour vos premières salades et aurez de la place pour semer autre chose plus tard. C'est un excellent engrais vert, vous pourrez arracher et laisser au sol les plants non consommés.
Lundi 3		LUNE MONTANTE	14h △ 5h
Mardi 4	♈ 05h00		Semez les pois (une variété naine à grain rond et lisse qui résiste mieux au froid). Disposez les graines tous les 3-5 cm dans un sillon que vous remplirez de sable. Semez sous couche chaude ou serre plusieurs variétés de potimarrons, de potirons et de courgettes.
Merc. 5	21h51		
Jeudi 6	♉		Dans les terrains secs et bien exposés, faites une 2e plantation d'ail et d'oignons en diversifiant les variétés. Il faut penser aux oignons qui ont une grande durée de conservation hivernale. Faites prégermer les plants de pomme de terre en les exposant à la lumière pendant une quinzaine de jours. Semez du céleri-rave, des radis « Glace », des carottes de variété très hâtive comme 'Amsterdam', sous serre ou sous tunnel.
Vend. 7			
Samedi 8	♊ 12h29	12h	C'est le meilleur moment pour étendre les bordures de perce-neige ou les disperser parmi les arbres fruitiers qu'ils protègent des dégâts des mulots.
Dim. 9		LUNE DESCENDANTE = PLANTATION	6h → 20h △ · 18h → 23h ☌
Lundi 10	♋ 14h45		Semez sous abris vos premiers choux (fleurs, raves, pommés). Une caissette suffit, vous repiquerez les jeunes plantes dans 10 jours environ en godets individuels (prévoyez de la place pour la suite !).
Mardi 11			
Merc. 12	♌ 05h38	☺ 15h	Pulvérisez une décoction de prèle sur les arbres fruitiers et au sol pour éviter les maladies cryptogamiques. Semez sous couche chaude ou serre plusieurs variétés de potimarrons, de potirons et de courgettes.
Jeudi 13			
Vend. 14	♍ 01h10		
Samedi 15		☋ 4h → 11h	Sous tunnel, en serre froide ou au potager bien abrité, plantez des échalotes qui sont assez robustes pour résister à de petites gelées. Le sol doit être riche et léger. Sous serre ou sous abri, semez du céleri.
Dim. 16			

Samedi 1

Dim. 2

Lundi 3

Mardi 4

Merc. 5

Jeudi 6

Vend. 7

Samedi 8

Dim. 9

Lundi 10

Mardi 11

Merc. 12

Jeudi 13

Vend. 14

Samedi 15

Dim. 16

Dim. 16				Sous tunnel, en serre froide ou au potager bien abrité, plantez des échalotes qui sont assez robustes pour résister à de petites gelées. Le sol doit être riche et léger. Sous serre ou sous abri, semez du céleri.
Lundi 17	♍		18h	
Mardi 18	21h58	A	7h	
Merc. 19	♎	LUNE DESCENDANTE = PLANTATION		Plantez une glycine sur une pergola en périphérie du potager. Ses racines enrichissent le sol en azote, ce qui est favorable à tous les légumes feuilles. Sous tunnel, repiquez des pâquerettes, du silène, des myosotis, de l'achillée millefeuille, de l'euphorbe, du fenouil, de la gaura, de l'hélianthe, de la lavande, du miscanthus.
Jeudi 20	10h15			
Vend. 21	♏			En pleine terre, plantez les cailleux d'ail pour une récolte en juin prochain. Semez de l'arroche en pleine terre, les températures nocturnes basses ou les petites gelées favorisent sa germination. Pour éviter les problèmes de limaces, couvrez le semis d'une fine couche de sable.
Samedi 22	22h38	7h		Au chaud, semez les aubergines (gardez les jeunes plantes à la lumière et hors gel jusqu'à plantation) en alvéoles ou en godet individuel pour chahuter le moins possible les jeunes plantes.
Dim. 23	♐			10h △ 0h
Lundi 24				Idem pour les tomates, poivrons et piments si vous pouvez les repiquer dans 1 mois sous serre ou tunnel. Sinon, attendez encore.
Mardi 25	05h19	LUNE MONTANTE		Plantez des bulbilles d'oignon. Enfoncez-les (2-3 cm) dans des sillons peu profonds en fin de journée puis tassez le sol. Les pointes vertes des bulbilles doivent rester à la lumière du jour. Espacez chaque bulbille d'environ 10 cm. Des tiges verdâtres apparaissent au bout de 8 à 15 jours. Semez au chaud des céleris dans une terrine pour les repiquer d'ici 1 mois.
Merc. 26	♉			23h
Jeudi 27	05h14			☿☊
Vend. 28	♒ 22h20	☻ 2h		11h 17h → 23h ☌

Dim.
16

Lundi
17

Mardi
18

Merc.
19

Jeudi
20

Vend.
21

Samedi
22

Dim.
23

Lundi
24

Mardi
25

Merc.
26

Jeudi
27

Vend.
28

MARS

Équinoxe de printemps. Le Soleil passe dans la constellation des Poissons.

QUELQUES REPÈRES PHÉNOLOGIQUES

- Fleurissement des nivéoles, primevères de culture, hellébores 1, forsythias, amandiers. Débourrement des framboisiers. Démarrage du débourrement des arbres. Les pollens de l'aulne glutineux et du peuplier volent.
- Apparition des premiers papillons Citron 2. Les grues 3 sont de passage dans leur migration vers le nord. Sortie de la femelle du bourdon terrestre 4 en même temps que les premières fleurs de saule. Apparition des halictes, une abeille sauvage. Accouplement des coccinelles 5.

AU JARDIN

- Semez au chaud ou sous couche chaude et même en pleine terre radis, salades, carottes, navets, épinards, choux, etc.
- Fauchez les engrais verts afin qu'ils sèchent quelques jours au sol avant d'être incorporés.
- Surveillez le compost jeune et épandez le compost arrivé à maturité. C'est le moment de monter des couches chaudes alimentées par du fumier de cheval, de volaille ou de bovin pour avancer le calendrier des récoltes.

PRÉPARATIONS BIODYNAMIQUES

- Pulvérisation de bouse de corne pour réactiver la vie microbienne du sol.
- Décoctions de prêle en prévention des maladies cryptogamiques : faites bouillir 10 g de prêle dans 3,5 l d'eau. Laissez infuser et diluez dans 8 l d'eau.
- Si le froid persiste, pulvérisez sur les plantes une préparation de valériane dynamisée (*cf.* p. 26).

VERGER ET HAIES

- Prélevez des greffons et réalisez des boutures de la vigne et des arbres fruitiers.

RUCHE

Les faux-bourdons naissent et la reine commence à être fécondée. Phase de grande mortalité (parmi les populations d'octobre). Nourrissez la colonie si nécessaire, installez des abreuvoirs et changez le plateau de sol. C'est le moment où vous allez équilibrer vos colonies.

MARS

JOURS	TEMPÉRATURES (°C)		PLUIE (ML)	VENT (KM/H)		MÉTÉO					OBSERVATIONS PHÉNOLOGIQUES
	Min	Max		direct.	force	☀	⛅	☁	🌧	❄	
Samedi **1**											
Dim. **2**											
Lundi **3**											
Mardi **4**											
Merc. **5**											
Jeudi **6**											
Vend. **7**											
Samedi **8**											
Dim. **9**											
Lundi **10**											
Mardi **11**											
Merc. **12**											
Jeudi **13**											
Vend. **14**											
Samedi **15**											
Dim. **16**											
Lundi **17**											
Mardi **18**											
Merc. **19**											
Jeudi **20**											
Vend. **21**											
Samedi **22**											
Dim. **23**											
Lundi **24**											
Mardi **25**											
Merc. **26**											
Jeudi **27**											
Vend. **28**											
Samedi **29**											
Dim. **30**											
Lundi **31**											

printemps

* ☽ ○

Samedi 1

☊ 3h → 10h

10h

3h → 11h ☍

P

Dim. 2

♓

10h

Semez de la tétragone directement en pleine terre, dans un endroit exposé et en terre légère. Plantez ciboulette et oseille. Pour l'oseille, coupez les racines entortillées au fond des pots afin que les nouvelles radicelles s'enfoncent rapidement dans le sol.

Lundi 3

12h04

LUNE MONTANTE

Mardi 4

♈

Au chaud, semez poivrons et piments. Une température minimale de 20 °C est nécessaire pour la germination. Semez 3 à 4 graines par godet. Éliminez les plantes chétives, sources de maladies.

Taillez les pêchers juste avant qu'ils ne fleurissent ou en fleurs. Réduisez les branches fleuries pour ne garder que la base, sinon elles produisent trop de fruits et s'affaiblissent.

Merc. 5

03h49

Jeudi 6

♉

Profitez de cette période où la terre est souvent meuble pour sarcler et vous débarrasser des rhizomes de chiendent. Désherber l'ail au maximum.

Vend. 7

17h54

17h

Samedi 8

♊

LUNE DESCENDANTE = PLANTATION

23h

△

12h

Semez en pleine terre, sous châssis ou sous voile des annuelles rustiques.
Repiquez les bisannuelles pour les floraisons printanières et les vivaces semées en automne.
Elles attirent pollinisateurs et auxiliaires qui combattent les parasites des légumes.

Dim. 9

0h → 4h ☌

Semez sous abri des brocolis, en alvéoles (1 graine) ou en godets (2-3 graines).

20h39

Lundi 10

♋

Fauchez les engrais verts. Étalez les feuilles broyées et laissez la nature faire le reste pendant 10-15 jours.

Plantez de la rhubarbe en lui apportant une poignée de compost.

Mardi 11

12h09

Merc. 12

♌

Terminez la taille douce des pommiers et des poiriers.
Semez des pois grimpants en installant des rames. Sous serre, semez des aubergines.

Jeudi 13

Vend. 14

08h22

☺ 8h

☍ 6h → 10h

☋ 11h → 18h

éclipse de lune 8h

Samedi 15

♍

Semez des navets sous tunnel (au nord de Paris), ou en pleine terre dans les potagers abrités. Levée rapide : 4 à 7 j. Espacez les rangs de 30 à 40 cm, laissez une plante tous les 10 cm.
Récoltez les derniers scorsonères, salsifis et panais restés en terre.
Les parcelles libérées auront été bien travaillées, inutile de bêcher pour une nouvelle culture.
Au chaud, c'est le dernier moment pour semer des céleris-raves dans les régions froides.
Les jeunes plantes pourront être repiquées fin avril ou début mai.

Dim. 16

Samedi 1

Dim. 2

Lundi 3

Mardi 4

Merc. 5

Jeudi 6

Vend. 7

Samedi 8

Dim. 9

Lundi 10

Mardi 11

Merc. 12

Jeudi 13

Vend. 14

Samedi 15

Dim. 16

Jour	Lune	Signe	Période	Conseils
Dim. 16		♍	LUNE DESCENDANTE = PLANTATION	Semez des navets sous tunnel (au nord de Paris), ou en pleine terre dans les potagers abrités. Récoltez les derniers scorsonères, salsifis et panais restés en terre. Au chaud, c'est le dernier moment pour semer des céleris-raves dans les régions froides.
Lundi 17			A (9h – 22h)	
Mardi 18	05h09	♎		Semez sous abri brocolis, annuelles et vivaces (bégonia, pétunia, pélargonium, sauge, etc.). Plantez des arbustes à fleurs à proximité du potager, en particulier des sureaux noirs (dont les fleurs attirent des auxiliaires, les feuilles activent le compost et les racines repoussent les mulots).
Merc. 19	17h35			
Jeudi 20 (équinoxe de printemps)		♏		En pleine terre ou sous un voile de forçage (qui fait gagner en précocité), semez arroche rouge, cerfeuil, épinards et laitues. Sous serre ou sous abri, semez des choux (raves, pommés, de Bruxelles).
Vend. 21			7h	
Samedi 22	06h55	♐		Débutez les artichauts afin de favoriser le développement des jeunes feuilles. Enlevez quelques éclats si vous devez renouveler la plantation.
Dim. 23				
Lundi 24	15h01		LUNE MONTANTE	Plantez les oignons et les échalotes pour la conservation. Pulvérisez la bouse de corne sur tout le jardin. Sous voile de forçage, les semis de carottes, des navets, des betteraves rouges et de panais sont possibles. Sarclez entre les rangs des premiers légumes-racine semés. Binez l'ail pour éviter les maladies qui se développent en cas d'humidité excessive.
Mardi 25		♉		
Merc. 26	15h55			Continuez à tailler les rosiers en laissant plus longues les branches épaisses et en raccourcissant beaucoup les branches fines. Pulvérisez de la décoction de prêle sur les rosiers en prévention des maladies cryptogamiques.
Jeudi 27		♒		
Vend. 28	09h12		☊ éclipse de soleil 12h	☌ 10h → 14h; 14h → 21h; éclipse de soleil 12h; 19h → 23h ☌
Samedi 29		♓	P	Semez la roquette dans un endroit drainé et ensoleillé, même pauvre. 18h; 8h → 15h ☌
Dim. 30	22h44			19h
Lundi 31		♈		Semez en pleine terre des pois. Dans une pièce chaude ou une serre tempérée, semez des tomates. Greffez ou sur-greffez les pommiers ou poiriers avant que les bourgeons ne commencent à gonfler.

Dim.
16

Lundi
17

Mardi
18

Merc.
19

Jeudi
20

Vend.
21

Samedi
22

Dim.
23

Lundi
24

Mardi
25

Merc.
26

Jeudi
27

Vend.
28

Samedi
29

Dim.
30

Lundi
31

AVRIL

Dans la deuxième partie du mois, le Soleil passe dans la constellation de Chaleur du Bélier.

QUELQUES REPÈRES PHÉNOLOGIQUES

- Forsythias, prunelliers, cerisiers 1 et primevères sont en pleine floraison ; magnolias et anémones des bois achèvent la leur. Les feuilles apparaissent sur la plupart des arbres. L'ail des ours couvre les sous-bois.
- Début avril, le Coucou 2 commence à chanter ; mi-avril, les hirondelles arrivent dans la moitié nord de la France. Sortie des jeunes mygales chaussette 3. Aux alentours des zones humides et des rivières, la mouche de la Saint Marc 4, très appréciée des truites et donc, des pêcheurs, fait son apparition. Sortie des andrènes, petites abeilles sauvages.

AU JARDIN

Semez toutes les plantes qui ne craignent pas les petites gelées de mai en prévisions des repiquages de plants (salades, choux, Cucurbitacées, poireaux, etc.). Maintenez l'humidité aux semis récents. En pleine terre et sous voile, semez des Cucurbitacées et le maïs doux (les variétés les plus précoces).

PRÉPARATIONS BIODYNAMIQUES

- Limaces et doryphores sont présents. Agissez rapidement par ramassage, par traitement au ferramol (limaces) ou par pulvérisation de *Bacillus thuringiensis* au coucher du soleil (doryphores). Brûlez les parasites jusqu'à obtenir de belles cendres et mélangez-les avec du sable ou de la poudre de basalte ou d'argile à épandre sur le jardin.
- Réalisez une tisane de pissenlit 5 ou de prêle pour renforcer la résistance des plantes contre les maladies.
- Récoltez un stock d'orties, séchez-le en vue d'utilisations ultérieures.

VERGER ET HAIES

Les floraisons d'arbres fruitiers augmentent. Une pulvérisation de jus de fleurs de valériane peut limiter les dégâts de gels légers, (-2 ou -3 °C).

RUCHE

Le couvain explose. Vous pouvez agrandir les colonies et/ou récolter des essaims naturels. Il faut déjà prendre des mesures contre le varroa.

JOURS	TEMPÉRATURES (°C)		PLUIE (ML)	VENT (KM/H)		MÉTÉO					OBSERVATIONS PHÉNOLOGIQUES
	Min	Max		direct.	force	☀	🌤	☁	🌧	❄	
Mardi **1**											
Merc. **2**											
Jeudi **3**											
Vend. **4**											
Samedi **5**											
Dim. **6**											
Lundi **7**											
Mardi **8**											
Merc. **9**											
Jeudi **10**											
Vend. **11**											
Samedi **12**											
Dim. **13**											
Lundi **14**											
Mardi **15**											
Merc. **16**											
Jeudi **17**											
Vend. **18**											
Samedi **19**											
Dim. **20**											
Lundi **21**											
Mardi **22**											
Merc. **23**											
Jeudi **24**											
Vend. **25**											
Samedi **26**											
Dim. **27**											
Lundi **28**											
Mardi **29**											
Merc. **30**											

Mardi 1	♈ 13h08	LUNE MONTANTE		
Merc. 2	♉			Semez radis, navets et carottes en pleine terre, sous abri ou sous couche chaude. Plantez les premières pommes de terre : à la bêche, faites des trous (de 8 à 10 cm de profondeur), en lignes distantes de 50 à 60 cm et autant dans la ligne. Au râteau, aplanissez la parcelle en formant une petite butte pour chaque rangée. La levée a lieu entre 2 et 3 semaines après.
Jeudi 3	01h16	0h		
Vend. 4	♊	LUNE DESCENDANTE = PLANTATION		Semez des engrais verts (phacélie, moutarde, lin, etc.) sur les parcelles qui seront cultivées dans un deuxième temps. Repiquez choux-fleurs et brocolis.
Samedi 5				
Dim. 6	03h16 ♋			6h ☿☊ 19h
Lundi 7	18h45			
Mardi 8	♌			Semez sous voile ou sous serre physalis, courgettes, potirons, poivrons, melons, concombres et piments. Traitez les fruitiers et surtout les pêchers en prévention de la cloque à l'aide d'une décoction de prêle.
Merc. 9				
Jeudi 10	15h30	☋		18h → 1h
Vend. 11	♍			Semez betteraves, panais, salsifis, scorsonères et carottes en rangs distants de 30-40 cm, de manière la plus légère possible. La levée s'effectue de 8 à 15 jours après, entre 15 °C et 20 °C mais peut s'échelonner sur 6 sem. Tenez le sol frais pour favoriser la levée. Éclaircissez sur les lignes de carottes, navets et radis semés en mars.
Samedi 12		☺ 2h		
Dim. 13		A	16h – 5h	
Lundi 14	12h31 ♎			Semez en pleine terre ou sous abri les annuelles et les vivaces (aneth, phacélie, reine-marguerite, capucine, lavatère, souci, gaillarde, centaurée, ancolie, pétunia, œillet d'Inde, nigelle, zinnia, brize, eschscholzia, etc.). Bouturez les lantanas, les pelargonium, l'héliotrope, les fuchsias, l'anthémis…
Mardi 15				
Merc. 16	00h56 ♏			Semez des poireaux d'automne en caissette ou en pleine terre un peu tassée (plombée). Semez des aromates et des salades.

Mardi
1

Merc.
2

Jeudi
3

Vend.
4

Samedi
5

Dim.
6

Lundi
7

Mardi
8

Merc.
9

Jeudi
10

Vend.
11

Samedi
12

Dim.
13

Lundi
14

Mardi
15

Merc.
16

Merc. **16**

Jeudi **17** ♏

Vend. **18** — 14h36 — LUNE DESCENDANTE = PLANTATION — 15h

Plantez choux, laitues, ciboulette, estragon et oseille. Faites tremper les mottes avant plantation et délitez-les pour que les racines s'installent vite en terre. Récoltez en matinée les jeunes pousses d'ortie pour les préparations biodynamiques.

Samedi **19** ♐

Sous abri ou sous voile, semez courgettes, potirons, poivrons, melons, concombres et piments. Directement en pleine terre, les plantes sont plus fortes et plus résistantes à la séc heresse, mais au nord de Paris, il est préférable de semer en godets pour repiquer après les saints de glace.

16h △ 6h

Dim. **20** — 23h54

Lundi **21** ♑

Mardi **22** — LUNE MONTANTE

Sarclez entre les rangs des premiers légumes-racine semés pour éliminer les mauvaises herbes.

Éclaircissez sur les lignes de carottes, navets, radis : certains font d'excellents « mini-légumes » très tendres…

Merc. **23** — 02h19 ♒

Jeudi **24** — 20h44

Plantez les éclats d'artichauts (de mi-avril à mi-mai) pour une récolte possible début octobre. Si votre terre est lourde, ajoutez du sable pour faciliter l'enracinement profond et le drainage. Plantez les bulbes d'été : glaïeuls, lis, dahlias. Ils font d'excellentes fleurs coupées et interrompent les rotations du potager tout en attirant des insectes bénéfiques.

Vend. **25** — ☊ 1h → 8h — 3h → 7h ☌ — 9h → 13h ☌

Samedi **26** ♓

Semez du cresson alénois sur des sols bien orienté au soleil et du cresson de fontaine dans les terrains humides.
Semez des choux (rave, cabus, de Milan et de Bruxelles) en motte de préférence.
Faites un semis en mélangeant salade, radis et carottes. En récoltant les premiers radis, vous ferez de la place aux salades, qui ensuite laisseront les carottes se développer.

6h

Dim. **27** — 09h46 — P 22h ♈

6h

Lundi **28**

Semez en pleine terre pois, haricots et maïs doux. Le maïs peut servir de tuteur aux haricots grimpants si vous le semez 10 jours avant ces derniers.

23h32

Mardi **29** ♉

Récolter les premiers radis semés sous abris.

Merc. **30**

Merc.
16

Jeudi
17

Vend.
18

Samedi
19

Dim.
20

Lundi
21

Mardi
22

Merc.
23

Jeudi
24

Vend.
25

Samedi
26

Dim.
27

Lundi
28

Mardi
29

Merc.
30

MAI

Après le Bélier en première partie du mois, le Soleil visite la constellation de Terre du Taureau, un bon signe pour les légumes-racine de conservation.

QUELQUES REPÈRES PHÉNOLOGIQUES

- Floraison des pivoines, du thym, des ronces, du lin, de la sauge des prés, des robiniers faux-acacia (1)… Surveillez et notez les dates de floraison du sureau, du cytise, de l'aubépine.
- Le Martinet noir (2) et le loriot sont de retour début mai dans nos campagnes. Sur les plantes, apparition des « crachats de coucou » sécrétés par les larves de cicadelles. Fin mai, apparition de la cétoine doré (3), très beau coléoptère aux couleurs métalliques.

2

3

1

AU JARDIN

- Les semis en terre des haricots, maïs doux, courges, etc. peuvent démarrer.
- Scarifiez le gazon pour éliminer les mousses.
- Dans la deuxième quinzaine du mois, les saints de glace passés (11 au 13 mai), repiquez les plantes les plus sensibles au froid. Plantez les premières tomates en pleine terre. Pulvérisez de la bouse de corne au moment de la plantation.

PRÉPARATIONS BIODYNAMIQUES

Prévenez les maladies et ravageurs. Réalisez des purins de limaces et d'escargots, incinérez les varroas, doryphores et coléoptères nuisibles, intensifiez les traitements préventifs contre les maladies cryptogamiques.

VERGER ET HAIES

Greffage des arbres fruitiers et d'ornement.

AU CHAMP

En jour-fleur et si la météo s'y prête, commencez les foins.

RUCHE

- Période de l'essaimage naturel. Naissance des reines. Vous veillerez à maintenir les dynamiques de population et surveillerez de près le varroa.
- Pour ceux qui n'en ont pas encore, c'est le moment idéal pour démarrer une ruche d'élevage.

MAI

JOURS	TEMPÉRATURES (°C)		PLUIE (ML)	VENT (KM/H)		MÉTÉO					OBSERVATIONS PHÉNOLOGIQUES
	Min	Max		direct.	force						
Jeudi **1**											
Vend. **2**											
Samedi **3**											
Dim. **4**											
Lundi **5**											
Mardi **6**											
Merc. **7**											
Jeudi **8**											
Vend. **9**											
Samedi **10**											
Dim. **11**											
Lundi **12**											
Mardi **13**											
Merc. **14**											
Jeudi **15**											
Vend. **16**											
Samedi **17**											
Dim. **18**											
Lundi **19**											
Mardi **20**											
Merc. **21**											
Jeudi **22**											
Vend. **23**											
Samedi **24**											
Dim. **25**											
Lundi **26**											
Mardi **27**											
Merc. **28**											
Jeudi **29**											
Vend. **30**											
Samedi **31**											

Saints de glace

Jeudi 1 — 09h49 — 9h

LUNE DESCENDANTE = PLANTATION

Vend. 2

Taillez aussitôt la floraison passée les buissons à fleurs précoces (forsythia, groseillier sanguin).
Semez en pleine terre ou sous abri annuelles et vivaces aromatiques ou comestibles.
Considérez-les comme des engrais verts et intercalez-les avec les autres cultures.

Samedi 3 — 10h18

Semez persil, laitues, arroche, épinards, tétragone, roquette et choux.

Dim. 4 — 0h → 5h

Lundi 5 — 00h59

Mardi 6

Taillez les branches des pêchers atteints par la cloque et ne portant pas de fruits.
Cela favorisera la repousse de branches plus saines et sauvera quelques pêches.
Posez des pièges à mouche de la cerise et des bandes de carton ondulées autour du tronc des pommiers pour piéger le carpocapse.
Palissez les framboisiers qui s'allongent. Bouturez groseilliers et cassissiers.

Merc. 7 — 21h22 — 5h

Jeudi 8 — 23h → 5h — 23h

Vend. 9

Sarclez entre les rangs des premiers légumes-racine semés. S'il fait beau, les mauvaises herbes sans graines peuvent être laissées au sol, qu'elles enrichissent en se décomposant.
Si les pommes de terre pointent, enterrez les jeunes pousses en ramenant de la terre en butte ou en accumulant autour d'elles des déchets végétaux du jardin (tontes, végétaux coupés).
En favorisant l'allongement des tiges, on améliore leur production.

Samedi 10 — A — 18h → 7h

Dim. 11 — 18h36

Lundi 12 — 19h

Semez du brocoli, des annuelles comme la capucine, la bourrache dont on pourra consommer les fleurs en salade.
Plantez les bulbes (glaïeuls, dahlias, montbrétias…) et les balconnières, géraniums, lantana, surfinia.
Si nécessaire traitez les rosiers contre les pucerons à l'aide d'une pulvérisation de savon noir.

Mardi 13 — 06h54

Saints de glace (11, 12, 13)

Merc. 14

Repiquez les poireaux semés en mars dernier.

Jeudi 15 — 20h22 — 20h

Vend. 16

Semez une nouvelle série de maïs doux et de cucurbitacées (potimarrons de variétés diverses en pleine terre).

Jeudi 1

Vend. 2

Samedi 3

Dim. 4

Lundi 5

Mardi 6

Merc. 7

Jeudi 8

Vend. 9

Samedi 10

Dim. 11

Lundi 12

Mardi 13

Merc. 14

Jeudi 15

Vend. 16

Vend. 16			
Samedi 17	♐		Repiquez les aubergines, tomates, poivrons et courges semés sous abris les mois précédents.
Dim. 18	05h59	LUNE MONTANTE	12h → 17h ☌
Lundi 19	♉		Semez radis, navets, betteraves rouges. Semez panais, salsifis, scorsonères et carottes si ce n'est pas déjà fait. Si le sol a déjà tendance à sécher, arrosez avant de l'ameublir (sans retourner) pour assurer une réserve d'humidité et inciter les racines à descendre en profondeur.
Mardi 20	09h31		Les premières fleurs de courgettes s'épanouissent sans donner de fruits.
Merc. 21	♒		Semez des tournesols en lisière de potager.
Jeudi 22	05h18	☊	23h △ ; 6h → 13h ; 16h ; 19h → 0h ☌
Vend. 23	♓		Divisez les pieds de ciboulette pour rajeunir votre culture et avoir des pousses goûteuses au début de l'été. Coupez feuilles et fleurs et divisez en petits bouquets que vous replanterez dans un sol riche et frais. Semez des salades « à couper » plus résistantes à la chaleur que la plupart des autres variétés. Une ligne dense vous offrira des cueillettes quotidiennes.
Samedi 24	20h06		12h △ ; 23h
Dim. 25	♈		Dans toutes les régions (sauf montagne), on peut planter des tomates en pleine terre, au soleil, en fichant un tuteur pour soutenir leur croissance. Dans les régions à atmosphère humide, il vaut mieux leur prévoir un abri pour les protéger de la pluie, tout en les laissant respirer. 16h
Lundi 26	10h19	P	23h ; 16h ; ☿☋
Mardi 27	♉	☻ 5h	11h ; Repiquez les céleris-raves. 10h → 2h △
Merc. 28	20h00	18h	Arrosez les radis en cas de manque de pluies pour adoucir leur goût. Récoltez les premières carottes hâtives.
Jeudi 29	♊	LUNE DESCENDANTE = PLANTATION	Semez des capucines, des cosmos, des calendulas, des œillets d'Inde, des ancolies, des centaurées, des gaillardes, des mufliers, des pétunias, de la sauge scabieuse, des rudbeckias, de la verveine, du tabac, des bleuets, des coréopsis, des clarkias, des nigelles, de la brize, des reines-marguerites, de l'escholtzia…
Vend. 30	19h12		
Samedi 31	♋		Semez en pleine terre bettes, laitues, chicorées, arroche, roquette, poireaux d'hiver, épinards, persil, pourpier, cerfeuil et choux (de Bruxelles, pommés, fleurs, raves). Semez en pleine terre des brocolis, dans un petit carré aménagé en pépinière. Pralinez les racines avant repiquage. Choisissez les plants pourvus d'un beau bourgeon au cœur.

Vend.
16

Samedi
17

Dim.
18

Lundi
19

Mardi
20

Merc.
21

Jeudi
22

Vend.
23

Samedi
24

Dim.
25

Lundi
26

Mardi
27

Merc.
28

Jeudi
29

Vend.
30

Samedi
31

JUIN

Solstice d'été. Le Soleil est au zénith et arrive devant la constellation de Lumière des Gémeaux.

QUELQUES REPÈRES PHÉNOLOGIQUES

- Le tilleul 1, l'achillée millefeuille 2, la valériane 3 ou encore le châtaigner sont en pleine floraison.
- Apparition de l'abeille à culottes. Courant juin, dans le Midi, début du chant des cigales 4, ce qui annonce le début des chaleurs estivales.

AU JARDIN

- Mettez en place les légumes de conservation pour l'hiver, poireaux, carottes, betteraves rouges, choux. Terminez les plantations de Cucurbitacées, de tomates, poivrons, melons, concombres, aubergines. Ajoutez une poignée d'ortie et de compost dans le trou de plantation de ces légumes gourmands en matière organique.
- Éclaircissez les jeunes plantes et sarclez entre les lignes pour éviter l'invasion d'herbes spontanées et favoriser l'aération des cultures.
- Contre les limaces et les doryphores, agissez comme décrit page 64.
- Veillez aux arrosages, la croissance des jeunes plantes se doit d'être continue.

PRÉPARATIONS BIODYNAMIQUES

- Appliquez par pulvérisation la silice de corne à toutes les cultures pour renforcer les tissus des végétaux dès que les plants sont installés et que les 4-5 premières feuilles sont développées. Réalisez une deuxième pulvérisation 1 à 2 semaines avant la récolte.

AU CHAMP

En jour-fleur, continuez les foins.

RUCHE

À la ruche, la population de la colonie peut atteindre son maximum. Nourrissez les colonies si vous vous rendez compte qu'il n'y a plus de miellée. Il faut prendre soin des essaims créés les mois précédents. Continuez l'élevage des reines.

JOURS	TEMPÉRATURES (°C)		PLUIE (ML)	VENT (KM/H)		MÉTÉO					OBSERVATIONS PHÉNOLOGIQUES
	Min	Max		direct.	force	☼	⛅	☁	🌧	❄	
Dim. **1**											
Lundi **2**											
Mardi **3**											
Merc. **4**											
Jeudi **5**											
Vend. **6**											
Samedi **7**											
Dim. **8**											
Lundi **9**											
Mardi **10**											
Merc. **11**											
Jeudi **12**											
Vend. **13**											
Samedi **14**											
Dim. **15**											
Lundi **16**											
Mardi **17**											
Merc. **18**											
Jeudi **19**											
Vend. **20**											
d'été Samedi **21**											
Dim. **22**											
Lundi **23**											
Mardi **24**											
Merc. **25**											
Jeudi **26**											
Vend. **27**											
Samedi **28**											
Dim. **29**											
Lundi **30**											

	*	☽		○
Dim. 1	08h49			10h → 15h ☌
Lundi 2	♌		Taillez les tomates à mesure de leur croissance (retirer les gourmands). Récoltez les pois, si possible peu de temps avant de les consommer.	
Mardi 3				
Merc. 4	04h00	☋	0h → 7h	
Jeudi 5			Semez les carottes pour la conservation en posant une graine de radis tous les mètres afin d'avoir un repère pour un désherbage précoce (le radis germe bien avant la carotte). S'il y a des trous dans les lignes, repiquez des betteraves rouges.	
Vend. 6	♍	LUNE DESCENDANTE = PLANTATION		
Samedi 7		A	4h – 17h	
Dim. 8	01h00 ♎		Repiquez les annuelles qui ont atteint la bonne taille.	
Lundi 9	13h16			
Mardi 10	♏		Récolter les salades printanières, l'oseille, avant qu'elles ne montent, mais en coupant au ras du sol. En arrosant les racines, de nouvelles pousses apparaîtront très vite et pourront être récoltées d'ici 3 à 4 semaines.	
Merc. 11		☺ 10h 1h		
Jeudi 12	02h20		Pulvérisez de la silice de corne sur toutes les plantes cultivées assez développées pour renforcer leur résistance aux maladies. Semez en pleine terre des haricots (espacez les semis toutes les 3 semaines afin de bien répartir les récoltes). Il est tard pour les haricots grimpants mais toutes les variétés « naines » sont bien adaptées aux semis tardifs. Sarclez autour des légumes-fruit pour limiter la concurrence des adventices.	
Vend. 13	♐			
Samedi 14	11h31	LUNE MONTANTE		17h → 22h ☌
Dim. 15	♑		Semez radis, navets, betteraves rouges, panais, scorsonères et carottes de conservation. Sarclez entre les rangs des légumes-racine et éclaircissez si nécessaire sur les lignes. Éclaircissez les plants d'oignon trop serrés et récoltez l'ail.	
Lundi 16	15h07 ♒			

Dim.
1

Lundi
2

Mardi
3

Merc.
4

Jeudi
5

Vend.
6

Samedi
7

Dim.
8

Lundi
9

Mardi
10

Merc.
11

Jeudi
12

Vend.
13

Samedi
14

Dim.
15

Lundi
16

Jour	Heure	Signe		Conseils
Lundi 16	15h07			
Mardi 17		♒		Sortez les géraniums et autres plantes à balconnières. Taillez des arbustes à fleurs tardives (seringat, deutzia, weigela, kerria), en coupant à leur base les rameaux défleuris. Cela stimule la production de jeunes pousses très florifères l'année suivante. Repiquez les plantes annuelles qui ont une belle taille. Récoltez les fleurs de capucine pour les mettre en salade.
Merc. 18	11h39	☊	8h → 15h	
Jeudi 19		♓	1h → 7h ☌☌	Repiquez les jeunes poireaux semés au début du printemps pour qu'ils grossissent mieux. Recoupez racines et feuillages pour favoriser la reprise. On trouve aussi des jeunes plants sur les marchés ou en jardineries. Les oignons commencent à fatiguer ? Laissez le feuillage mûrir (jaunir et sécher) avant de commencer à les arracher.
Vend. 20				
Samedi 21 (solstice d'été)	04h20			
Dim. 22		♈		Paillez sous les jeunes arbres fruitiers après avoir sarclé. Placez du carton ondulé autour des troncs des pommiers et des pièges à phéromones pour lutter contre le carpocapse.
	19h41	P	19h	
Lundi 23			19h	
Mardi 24		♉		Protégez les carottes de la mouche en intercalant leur ligne de culture entre deux lignes de poireaux. Attention aux panais, leur feuillage se développe et gêne parfois les cultures voisines. Buttez les pommes de terre, régulez la présence des doryphores en les ramassant si possible et appliquez une tisane d'ortie pour stimuler leur résistance au mildiou.
Merc. 25	06h11		4h ☻ 12h	
Jeudi 26		♊		Nettoyez vos rosiers à mesure que les fleurs fanent, cela stimule les remontées et l'apparition de fleurs fraîches. Pour les rosiers non remontants (anciens), mieux vaut attendre la fin de floraison et couper près de leur base les branches défleuries complètes.
Vend. 27	05h05	♋	20h → 19h △△	Repiquez laitues, chicorées scaroles, poireaux, bettes, choux (raves, brocolis, fleurs, pommés) ciboulette et autres plantes aromatiques. Scarifiez le gazon pour éliminer les mousses. Semez des choux de Chine (en terre forte et humide). Semez bettes, laitues, chicorées, arroche, roquette, épinards, persil et pourpier.
Samedi 28	18h00			
Dim. 29		♌		C'est le moment pour stimuler les plantes gourmandes en fertilisants (Cucurbitacées, tomates, aubergines) avec des extraits fermentés d'ortie ou de consoude à hauteur de 10 à 20 % dans les seaux d'eau.
Lundi 30			1h → 6h ☌	Maintenez le rythme de 3 semaines pour les semis des haricots afin de bien répartir les récoltes.

LUNE MONTANTE (16–25)

LUNE DESCENDANTE = PLANTATION (25–30)

JUIN

Lundi
16

Mardi
17

Merc.
18

Jeudi
19

Vend.
20

Samedi
21

Dim.
22

Lundi
23

Mardi
24

Merc.
25

Jeudi
26

Vend.
27

Samedi
28

Dim.
29

Lundi
30

JUILLET

Le Soleil quitte les Gémeaux pour rejoindre la constellation d'Eau du Cancer.

QUELQUES REPÈRES PHÉNOLOGIQUES

- Le millepertuis ❶, l'arnica ❷ et nombre de plantes sauvages sont en pleine floraison. Au jardin et au verger, on entre dans les périodes de maturation des fruits ❸. Les Agrions jouvencelles s'accouplent et pondent leurs œufs ❹.

AU JARDIN

- La corvée d'arrosage est souvent nécessaire en raison des fortes chaleurs qui entraînent une évaporation rapide de l'eau du sol.

- Couvrez les interrangs avec de la paille, des adventices, du compost ou toute autre matière organique disponible.

PRÉPARATIONS BIODYNAMIQUES

- Pour la qualité alimentaire et la résistance aux maladies, il faut poursuivre les pulvérisations de silice de corne.
- Pour les repiquages, il ne faut pas hésiter à pulvériser de la bouse de corne afin de faciliter le développement racinaire.
- Les tomates apprécieront particulièrement une pulvérisation matinale de tisane de pissenlit.
- Dès les premiers stress hydriques, n'hésitez pas à pulvériser une tisane de camomille matricaire.
- Rajoutez des extraits fermentés d'ortie ou de consoude pour stimuler les plantes exigeantes en fertilisant (courgettes, tomates, aubergines, potirons…) à hauteur de 10 à 20 % dans les seaux d'eau d'arrosage.
- Récoltez les fleurs d'achillée, de valériane et de prêle pour faire des préparations.

AU CHAMP

Réalisez la fauche tardive des foins en jour-fleur.

RUCHE

C'est la période de récolte du miel. Celle-ci doit s'accompagner d'un nourrissement de la colonie. La disette fait son apparition parfois : les abeilles, comme les plantes, sont assoiffées et bénéficient de moins de nectar.

JOURS	TEMPÉRATURES (°C)		PLUIE (ML)	VENT (KM/H)		MÉTÉO					OBSERVATIONS PHÉNOLOGIQUES
	Min	Max		direct.	force						
Mardi **1**											
Merc. **2**											
Jeudi **3**											
Vend. **4**											
Samedi **5**											
Dim. **6**											
Lundi **7**											
Mardi **8**											
Merc. **9**											
Jeudi **10**											
Vend. **11**											
Samedi **12**											
Dim. **13**											
Lundi **14**											
Mardi **15**											
Merc. **16**											
Jeudi **17**											
Vend. **18**											
Samedi **19**											
Dim. **20**											
Lundi **21**											
Mardi **22**											
Merc. **23**											
Jeudi **24**											
Vend. **25**											
Samedi **26**											
Dim. **27**											
Lundi **28**											
Mardi **29**											
Merc. **30**											
Jeudi **31**											

* ☽ ○

Mardi 1 ♌ 11h50 — ♉ — 2h → 9h

Merc. 2

Récoltez radis, carottes, navets, betteraves rouges, pommes de terre, oignons et échalotes pour la consommation courante.

Jeudi 3 ♍ — 5h

Vend 4 — ☿☊ — 17h

20h

Samedi 5 08h09 — A — 9h

Couvrez le sol avec un mulch d'adventices ou de compost pour limiter les arrosages autour des arbres et arbustes.
Greffez rosiers et tulipiers lilas, cognassiers du Japon, magnolias, camélias et sorbiers.
Bouturez hortensias, forsythias et autres arbustes à fleurs.
Taillez les arbres et arbustes qui ont terminé leur floraison.

Dim. 6 ♎ 20h27

Lundi 7 ♏ — 4h △ 15h

LUNE DESCENDANTE = PLANTATION

Semez de la chicorée frisée, du fenouil, du chou de Chine et de la roquette.
Récoltez des feuilles d'arroche pour les cuire comme des épinards.
Repiquez des laitues, du chou d'hiver et de la roquette.
Fauchez les engrais verts et laissez-les en couverture du sol en attendant la mise en place des cultures d'arrière-saison.

Mardi 8

Merc. 9 09h21 — 7h

Semez des courgettes pour les dernières récoltes d'automne. Buttez pois et haricots selon leur taille.
Récoltez pois, haricots, cassis, framboises, cerises et groseilles. Greffez poiriers, néfliers et pruniers.
Appliquez la silice de corne sur les légumes-fruit (et bien entendu sur les arbres et arbustes fruitiers) pour améliorer leur qualité gustative et leur résistance aux conditions climatiques et aux maladies.

Jeudi 10 ♐ — ◡ 23h

Vend. 11 17h54

23h → 4h ☌

Samedi 12 ♉

LUNE MONTANTE

Récoltez les oignons si ce n'est pas encore fait.
Laissez-les ressuyer quelques heures au soleil avant stockage.

Dim. 13 20h48

Lundi 14 ♒

Coupez les fleurs pour faire des bouquets.

Récoltez la prêle des champs que vous sécherez pour l'utiliser contre les maladies cryptogamiques. Binez les brocolis et autour des massifs floraux.

Mardi 15 17h00 — ☊ — 9h → 17h

Merc. 16 ♓

Récoltez salades, choux-raves, roquette, épinards et persil.

8h → 13h ☌

JUILLET

Mardi 1	
Merc. 2	
Jeudi 3	
Vend 4	
Samedi 5	
Dim. 6	
Lundi 7	
Mardi 8	
Merc. 9	
Jeudi 10	
Vend. 11	
Samedi 12	
Dim. 13	
Lundi 14	
Mardi 15	
Merc. 16	

Merc. 16
Jeudi 17
Vend. 18 — 10h25
Samedi 19
Dim. 20 — 02h47
Lundi 21
Mardi 22 — 14h53
Merc. 23
Jeudi 24 — 14h26
Vend. 25
Samedi 26 — 03h22
Dim. 27
Lundi 28 — 20h27
Mardi 29
Merc. 30
Jeudi 31

LUNE MONTANTE

Récoltez salades, choux-raves, roquette, épinards et persil.

8h → 13h

Au moment des repiquages et plantations de laitues, chicorées scaroles, poireaux, bettes, choux, de la ciboulette et autres plantes condimentaires et aromatiques, pulvérisez de la bouse de corne pour faciliter la reprise et la formation des racines.

Taillez le melon à deux feuilles après le fruit en formation.
Récoltez groseilles, cassis, framboises.
Arrosez tomates, courgettes, potirons, aubergines, melons et poivrons avec des extraits fermentés d'ortie et de consoude.
Sarclez autour des légumes-fruit pour limiter la concurrence des adventices.
Paillez sous les jeunes arbres fruitiers après avoir sarclé. Greffez poiriers, néfliers et pruniers.

4h

P

4h

Semez radis, navets, scorsonères et carottes hâtives (nantaise).
Buttez les pommes de terre. Sarclez entre les rangs des légumes-racine et éclaircissez si nécessaire sur les lignes.
Récoltez radis, carottes, navets et betteraves rouges.

12h

LUNE DESCENDANTE = PLANTATION

Cueillez du millepertuis pour en faire une macération solaire (utile en particulier contre les brûlures).

Semez des fleurs bisannuelles et des vivaces, sur un carré pépinière au sol fin et à demi-ombragé. Les jeunes plantes pourront être repiquées fin septembre ou début d'octobre.

21h

Semez des engrais verts sur les premières parcelles libérées par la récolte. 3h → 24h △△

Semez laitues, chicorées, arroche, roquette, épinards, persil, pourpier, cerfeuil et choux.
Semez de la chicorée rouge de Vérone (il est possible de la semer en pot) et de la mâche à grosse graine sur un sol ferme, bien tassé après le semis.
Semez en place du chou de Chine qui n'aura pas besoin de repiquage.

Dernière limite pour semer des haricots en plein champ.

Récoltez les tomates et transformez-les à votre convenance, en sauce, séchées, ou ratatouille avec les courgettes, aubergines et poivrons. Faites des confitures de myrtilles. Les jours-fruit permettent une bonne conservation des aliments transformés.

7h → 14h

Semez radis roses et radis d'hiver (noir, blanc ou bleu d'automne).
Récoltez pommes de terre, oignons, échalotes, navets, carottes, betteraves rouges.
Sarclez entre les rangs des légumes-racine et éclaircissez si nécessaire sur les lignes.

Semez des navets d'automne (Boule d'Or et Nancy) et des engrais verts comme la moutarde ou le trèfle rouge, qui passeront l'hiver sur les parcelles.

Merc. 16

Jeudi 17

Vend. 18

Samedi 19

Dim. 20

Lundi 21

Mardi 22

Merc. 23

Jeudi 24

Vend. 25

Samedi 26

Dim. 27

Lundi 28

Mardi 29

Merc. 30

Jeudi 31

AOÛT

Le Soleil va atteindre la constellation de Chaleur du Lion, chaleur qui va permettre d'activer la maturation des fruits et légumes.

QUELQUES REPÈRES PHÉNOLOGIQUES

- Apparition des fleurs de callune 1, des premières pommes mûres et des mirabelles 2. Dans le Sud, les vendanges commencent.
- Les cigognes 3 se rassemblent pour repartir dans les pays chauds, le Loriot 4 les suit, ouvrant le grand départ des oiseaux insectivores, quelques semaines plus tard.

AU JARDIN

- En cas de sécheresse et de canicule prolongée, l'utilisation de tisane d'achillée millefeuille sera d'une aide précieuse (10 g de sommités fleuries pour 2 l d'eau).
- Début des semis des légumes d'arrière-saison sur les parcelles libérées par les premières récoltes de pommes de terre, d'oignons ou de haricots.

PRÉPARATIONS BIODYNAMIQUES

- Une deuxième pulvérisation de bouse de corne peut s'avérer pertinente, elle accompagnera à bon escient le travail du sol, les semis et plantations. De même pour la silice de corne, en particulier sur les plantes sensibles aux maladies cryptogamiques (tomates, les pommes de terre, haricots).
- Les pulvérisations de décoction de prêle, de tisanes associées avec l'ortie seront des compléments forts utiles, surtout si la fin du mois se rafraîchit et s'humidifie.
- Récoltez l'écorce de chêne en vue de la réalisation des préparations biodynamiques (*cf.* p. 26).

RUCHE

Dès que les abeilles auront suffisamment amassé de miel pour l'hiver, profitez-en pour réduire la taille des colonies.

JOURS	TEMPÉRATURES (°C)		PLUIE (ML)	VENT (KM/H)		MÉTÉO					OBSERVATIONS PHÉNOLOGIQUES
	Min	Max		direct.	force	☀	⛅	☁	🌧	❄	
Vend. **1**											
Samedi **2**											
Dim. **3**											
Lundi **4**											
Mardi **5**											
Merc. **6**											
Jeudi **7**											
Vend. **8**											
Samedi **9**											
Dim. **10**											
Lundi **11**											
Mardi **12**											
Merc. **13**											
Jeudi **14**											
Vend. **15**											
Samedi **16**											
Dim. **17**											
Lundi **18**											
Mardi **19**											
Merc. **20**											
Jeudi **21**											
Vend. **22**											
Samedi **23**											
Dim. **24**											
Lundi **25**											
Mardi **26**											
Merc. **27**											
Jeudi **28**											
Vend. **29**											
Samedi **30**											
Dim. **31**											

Vend. 1 — ♍ — 15h58 — A — 14h
Samedi 2 — ♎ — 3h

LUNE DESCENDANTE = PLANTATION

Semez échinacée, sauge sclarée, lychnis, lunaires et juliennes des dames pour les repiquer à l'automne.
Repiquez l'achillée millefeuille, l'euphorbe, le fenouil, la gaura, l'hélianthe, la lavande le miscanthus, la nepeta, la digitale, l'onagre, etc.
Plantez des brocolis.

Dim. 3 — 04h20
Lundi 4 — ♏
Mardi 5 — 15h — 17h30

Conservez l'humidité au sol pour les semis de légumes-feuilles en maintenant un voile de forçage tant que les graines n'ont pas toutes levé.
Coupez des côtes de bette pour stimuler la pousse des prochaines feuilles.
Sarclez entre les lignes de poireaux.

Merc. 6 — ♐
Jeudi 7

Pulvérisez une silice de corne le matin pour stimuler la résistance des légumes sensibles aux maladies comme la tomate, les courgettes et pour achever la maturation des fruits.
Sarclez autour des légumes-fruit pour limiter la concurrence des adventices que vous pourrez étaler en mulch au pied des tomates, aubergines ou poivrons.
Buttez les dernières rangées de haricots.
Maintenez l'alimentation en eau pour assurer une production constante.

01h52
Vend. 8 — 5h → 10h ♂ — 12h △ 3h
Samedi 9 — ♉ — 10h

Maintenez l'humidité dans les semis pour leur permettre un bon démarrage.

Semez les racines d'arrière-saison : navets, radis d'hiver (rose de Chine, Green meat, noir long maraîcher…).

Dim. 10 — 04h00 — 6h △ 21h
Lundi 11 — ♒

Greffez camélias, azalées, rosiers, chamaecyparis, jasmins, clématites, etc.
Coupez les fleurs pour mettre en bouquet ou consommer en salade (capucine, bourrache ou souci).

☊ 13h → 20h

23h19

LUNE MONTANTE

Mardi 12
Merc. 13 — ♓

Semez laitues d'automne, chicorées (scarole et frisée), cresson et roquette.
Semez du cresson alénois et à grandes feuilles pour varier les salades à présenter au repas.
C'est le bon moment pour planter les légumes feuilles vivaces comme l'oseille, le chou Daubenton, l'arroche, ou encore des jeunes plants d'angélique.
Semez de la mâche, celle-ci apprécie les sols fermes donc évitez de trop aérer le sol.
Plantez salades, chou-rave et chou-fleur. Les choux profitent bien des arrière-saisons, des jours qui raccourcissent.

Jeudi 14 — 15h48 — 8h — P
Vend. 15 — ♈ — 8h

Plantez des fraisiers.
Récoltez haricots, tomates, courgettes, poivrons, melons, pommes des moissons, maïs doux, etc.

Samedi 16 — 8h18 — ♉

Récoltez les variétés précoces de pommes de terre en les laissant au sol une journée avant stockage.

Vend.
1

Samedi
2

Dim.
3

Lundi
4

Mardi
5

Merc.
6

Jeudi
7

Vend.
8

Samedi
9

Dim.
10

Lundi
11

Mardi
12

Merc.
13

Jeudi
14

Vend.
15

Samedi
16

Samedi 16		LUNE MONTANTE	
Dim. 17	♉		Éclaircissez les semis de radis d'hiver et de navets. Continuez la récolte des pommes de terre. En cas d'attaques d'altises des crucifères, commencez par le poudrage à l'argile ou au basalte.
Lundi 18	21h31	18h	
Mardi 19	♊		Semez de l'adonis d'été, du bleuet, du pied d'alouette, de la nielle des blés, de la sauge sclarée, des lychnis, des lunaires, des juliennes des dames et un mélange de gazon fleuri pour le printemps. Repiquez de l'achillée millefeuille, de l'euphorbe, du fenouil, de la gaura, de l'hélianthe, de la lavande, du miscanthus, de la nepeta, de la digitale, de l'onagre, etc.
Merc. 20	22h09		
Jeudi 21	♋		Surveillez les attaques de teigne du poireau ; dès les premiers signes, n'hésitez pas à couper le fût pour en extraire le ver. Le fût repartira renforcé dès les premières pluies. 22h
Vend. 22	11h41		☿☊
Samedi 23	♌	8h	10h Pulvérisez la silice de corne sur les légumes fruit pour parachever leur maturation. Pulvérisez une décoction de prèle additionnée d'ortie infusée pour renforcer la résistance des plantes aux maladies cryptogamiques. Récoltez pommes des moissons, fraises remontantes, premiers potimarrons pour la consommation courante, aubergines, etc.
Dim. 24		☊	14h → 21h
Lundi 25	04h56	LUNE DESCENDANTE = PLANTATION	15h △ 9h
Mardi 26	♍		15h △ 7h
Merc. 27			Semez des oignons blancs, des radis hâtifs, des navets et des engrais verts non gélifs qui pourront rester en place l'hiver. Récoltez pommes de terre et oignons pour la conservation. Laissez-les sécher quelques jours à l'abri avant de les stocker en cave ou dans un grenier (pour les oignons).
Jeudi 28	23h57		
Vend. 29	♎	A	Bouturez les rameaux aoûtés de rosiers, weigelia, spirée, buddléia, etc. Veillez au paillage des rosiers pour limiter l'évaporation. 9h 22h Tuteurez les asters, tournesols et autres fleurs de haute taille. Terminez les semis de vivaces comme la rose trémière, l'ancolie, la centaurée, la marguerite des prés, qui fleuriront au printemps prochain.
Samedi 30	12h22		
Dim. 31	♏		Binez, sarclez et éclaircissez les salades. Refaites un semis de mâche, ainsi que de chicorées et de laitues, pour vos récoltes de fin d'automne. Surveillez le ver du poireau, en cas d'attaques, coupez la tige et supprimez la larve.

Samedi 16

Dim. 17

Lundi 18

Mardi 19

Merc. 20

Jeudi 21

Vend. 22

Samedi 23

Dim. 24

Lundi 25

Mardi 26

Merc. 27

Jeudi 28

Vend. 29

Samedi 30

Dim. 31

SEPTEMBRE

Le jour de l'équinoxe, nous entrons dans l'automne.

QUELQUES REPÈRES PHÉNOLOGIQUES

- Les premières noix sont mûres, la récolte des pommes démarre ① et le lierre commun fleurit. Les arbres commencent à préparer leurs bourgeons pour l'année prochaine.
- Certains canards migrateurs arrivent pour hiverner en France pendant que les hirondelles repartent ②. L'araignée argiope frelon construit son cocon ③ à la fin du mois de septembre. Le cocon est assez gros et ressemble à une montgolfière inversée. Fin septembre aussi, brève apparition du bombyx de la ronce ④, papillon qui hiberne à l'état de chenille et fin septembre, part à la recherche du lieu idéal pour hiberner. Apparition de la collète du lierre ⑤, abeille sauvage solitaire inféodée à cette liane nourricière.

AU JARDIN

- Phase intensive de récolte et de transformations.
- Dans les sols légers (limons et sables), implanter des engrais verts est la meilleure solution pour maintenir la structure du sol et fournir des éléments nutritifs pour les plantes du printemps.
- Surveillez l'apparition de mildiou, de l'oïdium et autres maladies cryptogamiques et pulvérisez au moins tous les 15 jours une décoction de prêle additionnée d'ortie. Rajoutez 2 poignées d'ortie à la macération de prêle et laissez refroidir (*cf.* p. 58).

PRÉPARATIONS BIODYNAMIQUES

- La silice de corne sera encore bien utile pour renforcer la résistance des plantes aux maladies.
- Une décoction d'écorce de chêne ou de bourdaine renforce le durcissement des cuticules des plantes et en particulier des enveloppes extérieures des fruits à baies comme le raisin.
- Maintenez votre vigilance contre les limaces et agissez en conséquence (*cf.* p. 64).

AU CHAMP

Le semis des céréales d'hiver va doucement commencer. Procédez en jour-fruit.

RUCHE

Réunissez les ruches faibles et resserrez les colonies. Septembre est un mois de transition où vous commencez déjà à préparer l'hiver.

JOURS	TEMPÉRATURES (°C)		PLUIE (ML)	VENT (KM/H)		MÉTÉO					OBSERVATIONS PHÉNOLOGIQUES
	Min	Max		direct.	force						
Lundi **1**											
Mardi **2**											
Merc. **3**											
Jeudi **4**											
Vend. **5**											
Samedi **6**											
Dim. **7**											
Lundi **8**											
Mardi **9**											
Merc. **10**											
Jeudi **11**											
Vend. **12**											
Samedi **13**											
Dim. **14**											
Lundi **15**											
Mardi **16**											
Merc. **17**											
Jeudi **18**											
Vend. **19**											
Samedi **20**											
Dim. **21**											
Lundi **22**											
Mardi **23**											
Merc. **24**											
Jeudi **25**											
Vend. **26**											
Samedi **27**											
Dim. **28**											
Lundi **29**											
Mardi **30**											

Jour	Heures	Conseils
Lundi 1	24h	Continuez à désherber autour des salades. Plusieurs légumes à végétation rapide comme les salades chicorée, mâche ou laitue peuvent être semées aujourd'hui pour une récolte en fin d'automne. Éliminez les vers du poireau en coupant les tiges parasitées.
Mardi 2 – Jeudi 4	02h09	Récoltez les pommes des moissons et autres variétés précoces, les mirabelles, quetsches, mûres… Soutenez les branches de pruniers, de mirabelliers si les fruits sont trop nombreux pour éviter qu'elles se cassent. Soutenez les branches de pommiers qui plient si elles sont lourdement chargées. Taillez les potimarrons deux feuilles après le dernier fruit en formation afin d'apporter les nutriments aux fruits en croissance et en début de maturation.
Jeudi 4	11h05	13h → 18h ♂
Vend. 5 – Samedi 6		Terminez la récolte et le séchage des oignons qui pourront être rangés en tresse — la conservation est meilleure.
Samedi 6 – Dim. 7	13h08	Greffez les camélias, les azalées, les rosiers, les chamaecyparis, les jasmins, les clématites, etc.
Dim. 7	20h	☍ 18h → 23h ; ☊ 22h → 4h ; éclipse de lune 20h
Lundi 8	07h44	Sarclez autour des salades et éclaircissez la mâche pour activer la croissance végétative.
Lundi 8		20h → 1h ♂
Mardi 9		Semez du mizuna et autres salades asiatiques qui produiront tout l'hiver.
Merc. 10	22h31	P 2h – 2h
Jeudi 11 – Vend. 12		Greffez poiriers, néfliers, abricotiers, amandiers, cerisiers, pommiers, groseilliers, cognassiers et pruniers. Plantez des fraisiers. Pulvérisez tomates, aubergines, poivrons, concombres, melons et Cucurbitacées avec une décoction de prêle enrichie d'ortie pour stimuler la résistance aux maladies.
Vend. 12 – Dim. 14	14h06	Semez des engrais verts diversifiés : sarrasin, seigle vesce, phacélie, sainfoin, trèfle incarnat, mélilot, pois. Éclaircissez les semis de navets et de radis d'hiver pour leur permettre une croissance rapide.
Dim. 14	23h	
Lundi 15 – Mardi 16	02h56	7h ♃☋

LUNE MONTANTE

Lundi
1

Mardi
2

Merc.
3

Jeudi
4

Vend.
5

Samedi
6

Dim.
7

Lundi
8

Mardi
9

Merc.
10

Jeudi
11

Vend.
12

Samedi
13

Dim.
14

Lundi
15

Mardi
16

* ☽ ○

équinoxe d'automne

LUNE DESCENDANTE = PLANTATION

Mardi 16 ♊

04h09

Merc. 17 ♋

♃☋

Jeudi 18

18h19

Vend. 19

7h

22h →15h △△

12h →17h ☌

Samedi 20 ♌

Supprimez quelques feuilles de tomates pour favoriser la circulation d'air autour des plants et améliorer l'exposition à la lumière et à la chaleur du soleil.

☋ 21h →5h

Dim. 21

12h24

22h

☌ 18h → 1h

éclipse de soleil 22h

1h

LUNE DESCENDANTE = PLANTATION

Lundi 22

Mardi 23 ♍

♂☊

1h

20h →14h △△

Merc. 24

Récoltez navets, carottes, betteraves rouges, céleris pour la consommation courante.
Terminez la récolte de pommes de terre.

Jeudi 25

07h28

♎

3h

A

Vend. 26

16h

19h54

Samedi 27 ♏

Repiquez laitues, chicorées, scaroles, ciboulette et autres plantes condimentaires et aromatiques non gélives.
Récoltez l'épinard.
Surveillez la levée des engrais verts et arrosez si nécessaire.

Dim. 28

Lundi 29

10h17

8h

4h

☿☊

Mardi 30 ♐

16h

Cueillez les fruits encore verts sur les tomates ravagées par le mildiou.

Mardi 16

Merc. 17

Jeudi 18

Vend. 19

Samedi 20

Dim. 21

Lundi 22

Mardi 23

Merc. 24

Jeudi 25

Vend. 26

Samedi 27

Dim. 28

Lundi 29

Mardi 30

OCTOBRE

Le Soleil passe le mois d'octobre dans la constellation de Terre de la Vierge.

QUELQUES REPÈRES PHÉNOLOGIQUES

- Les arbres feuillus prennent des couleurs, voire perdent leurs feuilles 1 : notez les premières chutes. Le fruit des églantiers 2 arrive à maturité. C'est globalement la période de maturation des fruits des arbres.
- Observez les oiseaux migrateurs de passage, vers le sud. Les corbeaux freux, les cormorans et les canards continuent à s'installer pour l'hiver. Arrivée massive des petits passereaux : verdiers 3, chardonnerets 4, bruants, linottes, mais aussi buses, grives, étourneaux.

AU JARDIN

- Rassemblez les déchets végétaux des récoltes, les feuilles mortes, etc. pour monter le tas de compost.
- Les choux, les poireaux, les radis d'hiver, les navets, les épinards, les chicorées connaissent un fort développement en octobre pour peu que les températures et l'humidité soient satisfaisantes. Les divers potimarrons, courges butternut et autres patidoux sont en fin de végétation, il vaut mieux les mettre à l'abri pour éviter de tenter les campagnols et autres parasites.
- Continuez les semis de céréales d'hiver en jour-fruit.

PRÉPARATIONS BIODYNAMIQUES

- N'oubliez pas d'introduire les préparations dans le tas de compost, d'y pulvériser la valériane dynamisée et de couvrir le tas quand ces opérations seront terminées. Une pulvérisation de bouse de corne est encore souhaitable tant que la vie microbienne est active.
- Une pulvérisation de silice de corne en soirée (exceptionnellement) peut s'avérer judicieuse pour faire migrer les réserves des arbres, des arbustes, de la vigne et pour renforcer la santé des bourgeons.
- Surveillez la présence des limaces, des campagnols et des vers du poireau (en cas de fortes attaques, un traitement au *Bacillus Thuringiensis* s'impose contre ce parasite).

RUCHE

Préparez l'hivernage et entretenez le matériel. Il est particulièrement important de ne pas nourrir les abeilles ce mois-là.

JOURS	TEMPÉRATURES (°C)		PLUIE (ML)	VENT (KM/H)		MÉTÉO					OBSERVATIONS PHÉNOLOGIQUES
	Min	Max		direct.	force						
Merc. **1**											
Jeudi **2**											
Vend. **3**											
Samedi **4**											
Dim. **5**											
Lundi **6**											
Mardi **7**											
Merc. **8**											
Jeudi **9**											
Vend. **10**											
Samedi **11**											
Dim. **12**											
Lundi **13**											
Mardi **14**											
Merc. **15**											
Jeudi **16**											
Vend. **17**											
Samedi **18**											
Dim. **19**											
Lundi **20**											
Mardi **21**											
Merc. **22**											
Jeudi **23**											
Vend. **24**											
Samedi **25**											
Dim. **26**											
Lundi **27**											
Mardi **28**											
Merc. **29**											
Jeudi **30**											
Vend. **31**											

Merc. 1	♐ 20h22		Une dernière pulvérisation de silice sera judicieuse pour achever la maturation des légumes-fruit encore en place : tomates, haricots, aubergines, raisins, pommes, poires, coings…
			22h → 3h ☌
Jeudi 2	♉	LUNE MONTANTE	Semez des radis roses sous abri. Dans les terres lourdes, broyez les engrais verts et incorporez-les au sol au moment du labour. Une pulvérisation de compost de bouse sera la bienvenue pour activer la décomposition des engrais verts.
Vend. 3	23h17		
Samedi 4	♒		Tuteurez les asters et les tournesols. Plantez des bulbes pour les floraisons printanières (iris, perce-neige, narcisses, tulipes, crocus…). Greffez le lilas. Bouturez les rameaux de rosiers et autres arbustes à fleurs.
Dim. 5	18h01	☊	7h → 15h
Lundi 6	♓		Récoltez, le matin de préférence, salades, bettes, roquette, cerfeuil, épinards, poireaux et persil. Une dernière tonte du gazon est souhaitable et permet de ramasser les feuilles mortes en les broyant. Mélangez-la aux déchets de cuisine pour démarrer un nouveau tas de compost dans un coin mi-ombragé.
Mardi 7		6h	
Merc. 8	07h41	P	3h
Jeudi 9	♈ 22h01		3h Récoltez les derniers haricots et tomates pour sécher les semences pour l'année suivante.
Vend. 10	♉		Désherbez, sarclez entre les rangs des légumes-racine et éclaircissez si nécessaire sur les lignes de navets et de radis.
Samedi 11			
Dim. 12	09h04	6h	
Lundi 13	♊	LUNE DESCENDANTE = PLANTATION	Repiquez coréopsis, achillées, ancolies, gaura, germandrées et lavandes dans les régions méditerranéennes où le sol est bien drainé (ailleurs, c'est à éviter car ces plantes craignent l'humidité associée au froid hivernal).
Mardi 14	09h37		7h △△ 8h
Merc. 15	♋ 23h51		Récoltez, le matin de préférence, salades, bettes, roquette, cerfeuil, épinards, poireaux et persil.
Jeudi 16	♌		Mettez les Cucurbitacées (potimarron, potiron, butternut, patidoux, etc.) à l'abri des premières gelées. Ils seront stockés dans un endroit sec à une température avoisinant les 18 °C.

Merc. 1

Jeudi 2

Vend. 3

Samedi 4

Dim. 5

Lundi 6

Mardi 7

Merc. 8

Jeudi 9

Vend. 10

Samedi 11

Dim. 12

Lundi 13

Mardi 14

Merc. 15

Jeudi 16

* ☽ ○

Jeudi 16

Vend. 17 ♌

Pulvérisez une dernière silice de corne sur les plantes encore en place.

Récoltez les noix.

Récoltez les dernières framboises.

Samedi 18 — ☋ 3h → 10h

18h37

Dim. 19

Lundi 20 ♍

Mardi 21 — ☻ 14h

Commencez la récolte des crosnes et des topinambours dès que le feuillage fane.

Désherbez, sarclez entre les rangs des légumes-racine et éclaircissez si nécessaire sur les lignes de navets et de radis. Incorporez les préparations biodynamiques aux tas de compost (*cf.* p. 24).

Merc. 22 — 14h09

Jeudi 23 ♎

Prélevez des boutures de rosier, weigelia, spirée, buddléia, etc.
Badigeonnez le tronc et les charpentières des arbres et arbustes d'ornement après avoir brossé les mousses.

17h

A

Vend. 24 — 02h35

6h

4h △ 1h

Samedi 25 ♏

Commencez le forçage des endives : arrachez les chicons, mettez-les à ressuyer à l'ombre, puis, par séries, recouvrez-les de bonne terre dans une caisse en cave. Vous pouvez les récolter au bout d'1 mois.

Dim. 26 — 13h

16h13

Lundi 27

Récoltez tomates, courgettes, aubergines, poivrons, piments, concombres, pommes, poires, raisins, châtaignes, et framboises remontantes.

Mardi 28 ♐

20h △ 15h

Bouturez des rameaux d'actinidia et de groseillier.

2h

Merc. 29 — 03h22

5h → 10h ♂ △

13h

LUNE MONTANTE

Jeudi 30 ♉

Récoltez radis, pommes de terre, navets, carottes, betteraves rouges et céleris.
Laissez sécher les pommes de terre quelques jours à l'abri avant de les stocker en cave ou dans un grenier. En cas de risques de gelée, rangez betteraves rouges, carottes, navets, radis noirs et céleris dans un silo ou en cave. Un tambour de machine à laver enterré est une bonne solution de stockage qui protège des mulots et de l'humidité.

Vend. 31 — 07h46 ♒

Coupez les fleurs pour mettre en bouquet ou pour consommer en salade comme la capucine, la bourrache ou le souci.

Jeudi 16

Vend. 17

Samedi 18

Dim. 19

Lundi 20

Mardi 21

Merc. 22

Jeudi 23

Vend. 24

Samedi 25

Dim. 26

Lundi 27

Mardi 28

Merc. 29

Jeudi 30

Vend. 31

NOVEMBRE

Le Soleil traverse la constellation de la Balance pour s'installer dans celle du Scorpion, liée à l'élément Eau.

QUELQUES REPÈRES PHÉNOLOGIQUES

- Notez les dates de chute des feuilles en fonction des différentes essences 1.
- La phase d'hibernation de nombreux mammifères démarre : hérissons 2, loir 3, blaireaux.

AU JARDIN

- Les « restes » des récoltes (suppression des radicelles, des feuilles, des collets des navets, carottes, betteraves rouges, etc.) vont se joindre aux feuilles mortes et au fumier de vache ou de cheval pour monter le tas de compost.

1

2

3

- Terminez de récolter les légumes de conservation, de creuser ou de nettoyer le silo pour conserver les légumes-racine. Poireaux, bettes et choux peuvent aussi rester en place.

VERGER ET HAIES

- Le 25 novembre, « à la sainte Catherine, tout bois prend racine ». C'est le début des plantations. La taille, le bouturage, le badigeon, sont aussi d'actualité.
- Le badigeon des troncs et de charpentières est important pour protéger l'écorce des rayons du soleil, pour apporter des nutriments aux arbres et pour empêcher les parasites de s'installer sur l'écorce ou sous les lichens et mousses : mélangez dans un seau de l'argile, de la bouse de vache, de l'eau, de la décoction de prêle, et du lithothamne et 2 % de silicate de soude. Étalez au pinceau ou à la brosse à tapisser sur le tronc et le début des branches charpentières après avoir brossé les mousses et lichens.

RUCHE

La ruche est en repos. C'est le moment où vous allez penser votre rucher et son évolution, de même que les techniques et outils adaptés à vos besoins.

JOURS	TEMPÉRATURES (°C)		PLUIE (ML)	VENT (KM/H)		MÉTÉO					OBSERVATIONS PHÉNOLOGIQUES
	Min	Max		direct.	force	☀	⛅	☁	🌧	❄	
Samedi **1**											
Dim. **2**											
Lundi **3**											
Mardi **4**											
Merc. **5**											
Jeudi **6**											
Vend. **7**											
Samedi **8**											
Dim. **9**											
Lundi **10**											
Mardi **11**											
Merc. **12**											
Jeudi **13**											
Vend. **14**											
Samedi **15**											
Dim. **16**											
Lundi **17**											
Mardi **18**											
Merc. **19**											
Jeudi **20**											
Vend. **21**											
Samedi **22**											
Dim. **23**											
Lundi **24**											
Mardi **25**											
Merc. **26**											
Jeudi **27**											
Vend. **28**											
Samedi **29**											
Dim. **30**											

✳	☽			○
Samedi 1	♒	☊ 15h → 22h	Récoltez les dernières fleurs annuelles comestibles (capucine, bourrache, souci), pour les consommer en salade avant les premières gelées qui détruiront les plantes.	
Dim. 2	03h38	LUNE MONTANTE	Plantez des haies.	
Lundi 3	♓		Semez sous tunnel du cresson alénois, du mizuna et autres salades asiatiques.	20h
Mardi 4	17h44		Binez entre les rangs de légumes-feuille pour aérer le sol.	△ 11h
Merc. 5	♈	☺ 14h P 11h	Préparez les trous de plantation des arbres et arbustes fruitiers. Paillez sous les jeunes arbres fruitiers après avoir sarclé et apportez du compost et du basalte. Buttez les artichauts à l'approche des grands froids.	
Jeudi 6	07h25	11h		
Vend. 7	♉		Dans les terres argileuses, un labour sans retournement, à la bêche ou à la grelinette, sera pertinent pour améliorer la structure du sol.	
Samedi 8	16h34	13h		
Dim. 9	♊	LUNE DESCENDANTE = PLANTATION	Rentrez tous les bulbes sensibles au gel (dahlia, glaïeuls, etc.). Plantez iris, perce-neige, narcisses, tulipes et crocus.	
Lundi 10	15h30			
Mardi 11	♋		Le matin de préférence, récoltez salades, choux (fleurs, milans, Romanesco, pommés), bettes, roquette, cerfeuil, épinards, poireaux et persil.	
Merc. 12	04h53			
Jeudi 13	♌		Commencez la taille douce d'hiver de vos fruitiers, le but étant avant tout de limiter l'alternance dans la production fruitière et de donner de la lumière à l'arbre par l'éclaircie.	
Vend. 14	23h17	☋ 4h → 11h		
Samedi 15	♍		Surveillez bien le ou les silos et supprimez dès que possible les racines qui pourrissent. Les panais peuvent rester en terre quelques jours, ils supportent les gelées jusqu'à -10 °C.	
Dim. 16				

Samedi
1

Dim.
2

Lundi
3

Mardi
4

Merc.
5

Jeudi
6

Vend.
7

Samedi
8

Dim.
9

Lundi
10

Mardi
11

Merc.
12

Jeudi
13

Vend.
14

Samedi
15

Dim.
16

Dim. 16		LUNE DESCENDANTE = PLANTATION	Surveillez bien le ou les silos et supprimez dès que possible les racines qui pourrissent. Les panais peuvent rester en terre quelques jours, ils supportent les gelées jusqu'à -10 °C.	21h
Lundi 17	♍			△ 15h
Mardi 18	19h17			21h ☿☋
Merc. 19	♎			9h; 7h → 18h △
			20h	
Jeudi 20	07h43	A; 8h	8h	
Vend. 21	♏		En prévision des gelées, mettez quelques poireaux et des choux en jauge, ils seront plus faciles à sortir pour les consommer.	
Samedi 22	22h13	19h		12h △ 9h
Dim. 23	♐		Récoltez les variétés de pommes et de poires tardives, des prunelles et des baies d'argousier et d'églantier pour les transformer en jus, compotes ou en confitures.	
Lundi 24				
Mardi 25	09h40	LUNE MONTANTE		12h → 17h ☌
			Récoltez salsifis, scorsonères, topinambours et panais.	5h
Merc. 26	♉		Nettoyez les rosiers en supprimant les fleurs pourries ou les rameaux morts ou épuisés.	△ 2h
Jeudi 27	15h12		Contrôlez l'état des légumes-racines conservés en silo. Supprimez ceux qui commencent à s'abîmer.	
Vend. 28	♒	☊	Plantez les arbres et arbustes à fleurs. Coupez les choux et les navets pour les mettre à lactofermenter. On peut semer sous abri des aconits napel et des primevères. 19h → 2h	
Samedi 29	12h35			
Dim. 30	♓		Sous serre, semez du cresson alénois et de la claytone de Cuba.	2h △ 14h

Dim.
16

Lundi
17

Mardi
18

Merc.
19

Jeudi
20

Vend.
21

Samedi
22

Dim.
23

Lundi
24

Mardi
25

Merc.
26

Jeudi
27

Vend.
28

Samedi
29

Dim.
30

DÉCEMBRE

Autour du solstice d'hiver, le Soleil passe de la constellation d'Eau du Scorpion à celle de Chaleur du Sagittaire. La dynamique de diminution de la durée du jour s'est ralentie, on peut parler de sommeil hivernal pour la végétation, mais la terre, elle, emmagasine des forces nouvelles, surtout s'il neige.
De tout temps dans les campagnes, la neige était considérée comme l'azote du pauvre, elle agirait un peu comme les légumineuses qui fixent l'azote de l'air pour l'emmener aux racines des plantes. Les températures négatives ont des conséquences positives sur la vie du jardin : élimination des parasites, amélioration de la structure du sol par l'action de l'alternance des périodes de gel et de dégel.

QUELQUES REPÈRES PHÉNOLOGIQUES

La phalène brumeuse (1) est un papillon de nuit. C'est une des rares espèces de papillons dont le mâle et la femelle émergent en décembre et s'accouplent. La femelle ne peut pas voler.

AU JARDIN

- Assurez l'entretien du matériel.
- Gérez le stock de semences et planifiez les rotations des cultures à partir d'un petit croquis.

VERGER ET HAIES

L'entretien des arbres peut continuer, mais rappelez-vous que la taille et les plantations sont à proscrire en cas de gel.

JOURS	TEMPÉRATURES (°C)		PLUIE (ML)	VENT (KM/H)		MÉTÉO					OBSERVATIONS PHÉNOLOGIQUES
	Min	Max		direct.	force						
Lundi **1**											
Mardi **2**											
Merc. **3**											
Jeudi **4**											
Vend. **5**											
Samedi **6**											
Dim. **7**											
Lundi **8**											
Mard. **9**											
Merc. **10**											
Jeudi **11**											
Vend. **12**											
Samedi **13**											
Dim. **14**											
Lundi **15**											
Mardi **16**											
Merc. **17**											
Jeudi **18**											
Vend. **19**											
Samedi **20**											
Dim. **21**											
Lundi **22**											
Mardi **23**											
Merc. **24**											
Jeudi **25**											
Vend. **26**											
Samedi **27**											
Dim. **28**											
Lundi **29**											
Mardi **30**											
Merc. **31**											

d'hiver

Lundi 1	♓	LUNE MONTANTE	Assurez les salades d'hiver en semant sous serre la claytone de Cuba ou du cresson alénois.
Mardi 2	04h41 ♈		Plantez des arbres et arbustes fruitiers en dehors de périodes de gel. Appliquez le badigeon sur les troncs et les charpentières des arbres et arbustes fruitiers après avoir brossé les mousses et lichens qui pourraient abriter des parasites. Le badigeon, sous une consistance épaisse, peut également servir à favoriser la cicatrisation des petites plaies de taille.
Merc. 3	18h53		
Jeudi 4	♉	P 0h → 0h	
Vend. 5		0h 23h	Terminez les récoltes de radis, navets, carottes, céleris, betteraves rouges. Surveillez le silo après le gel et les pluies et supprimez les racines abîmées.
Samedi 6	03h23	LUNE DESCENDANTE = PLANTATION	4h △ 20h
Dim. 7	♊		Aérez le sol et épandez du compost sur les plates-bandes de fleurs et au pied des arbustes ornementaux si les conditions le permettent.
Lundi 8	00h53 ♋		Récoltez le mizuna et salades asiatiques en matinée de préférence. Si de fortes gelées sont annoncées, il sera judicieux de mettre quelques choux cabus et des poireaux en jauge afin de pouvoir les récupérer facilement pendant les périodes de gel.
Mard. 9	13h00		Les arbres fruitiers à racines nues devraient être plantés dès maintenant, si possible à partir d'arbres « à racines nues », obtenus dans une pépinière locale. Recoupez l'extrémité des racines et plantez-les avant qu'elles ne sèchent. Assurez l'adhésion de la terre aux racines en arrosant en abondance.
Merc. 10	♌		
Jeudi 11		☋ 5h→12h	2h △ 18h
Vend. 12	05h47		
Samedi 13			Préparez une couche chaude en creusant une fosse que vous remplirez de compost contenant un mélange de matières sèches (foin, feuilles mortes sèches, petites branches) et de matières vertes (herbe juste tondue, engrais verts, tailles d'arbustes encore feuillés, etc.). Tassez modérément et arrosez, puis couvrez d'une petite couche de bonne terre mélangée de terreau. Vous pourrez ensuite semer toutes sortes de légumes soit directement en plein air, soit à l'abri d'un coffre couvert de plastique ou d'un voile de forçage.
Dim. 14	♍		
Lundi 15			
Mardi 16	01h26 ♎		Plantez et taillez les arbres et arbustes d'ornement en dehors des périodes de gel.

Lundi 1

Mardi 2

Merc. 3

Jeudi 4

Vend. 5

Samedi 6

Dim. 7

Lundi 8

Mard. 9

Merc. 10

Jeudi 11

Vend. 12

Samedi 13

Dim. 14

Lundi 15

Mardi 16

* ☽ ○

Mardi **16** ♎

Plantez et taillez les arbres et arbustes d'ornement en dehors des périodes de gel.

23h

A

Merc. **17** 13h55

14h

Forcez les endives.

17h

♀☊

Jeudi **18** ♏

Vend. **19**

11h

Faites blanchir les pissenlits en les recouvrant de terre.

LUNE DESCENDANTE = PLANTATION

24h

Samedi **20** 04h14

3h

Taillez les arbres fruitiers à pépins, groseilliers et cassissiers en dehors des périodes de gel.

Dim. **21** ♐ — solstice d'hiver

Paillez sous les jeunes arbres fruitiers après avoir sarclé et apportez du compost et du basalte.

Récoltez les prunelles, les baies d'argousier pommes et poires tardives.

Lundi **22** 15h17

LUNE MONTANTE

19h→0h ♂

Mardi **23** ♉

Protégez les légumes-racine en silo. Un épandage de paille protégé par une bâche les protège du froid. Un fin grillage permet d'éviter les dégâts des rongeurs.

Merc. **24** 20h53

Repiquez des roses de Noël et leurs cousines roses de Carême.
Leurs fleurs d'hiver aident les abeilles à bien passer la mauvaise saison.
Bouturez les rameaux aoûtés de rosiers, weigelia, spirée, buddléia, etc.

Jeudi **25** ♒

☊ 19h → 3h

Vend. **26** 19h04

3h

☿☊

15h

Samedi **27**

Dim. **28** ♓

Dessiner un plan du jardin pour l'année suivante en tenant compte des rotations des cultures, de la famille botanique, des spécificités des parties récoltées (racine, feuille, fleur, fruit) et des besoins de nutrition des plantes.

Lundi **29** 13h24

Bouturez les rameaux d'actinidia et de groseillier.
Coupez des tronçons de 20-25 cm sur des pousses de cet été, coupées à la base sous un bourgeon, et au sommet au-dessus d'un autre bourgeon. Dans l'idéal, il devrait y avoir un ou deux bourgeons entre les deux extrêmes. Fichez-les sur presque toute leur hauteur dans un sol ameubli, éventuellement amendé de sable.

Mardi **30** ♈

Merc. **31** 04h59 ♉

Surveillez aussi la présence des micromammifères qui peuvent s'attaquer aux racines conservées en plein champ.

Mardi 16

Merc. 17

Jeudi 18

Vend. 19

Samedi 20

Dim. 21

Lundi 22

Mardi 23

Merc. 24

Jeudi 25

Vend. 26

Samedi 27

Dim. 28

Lundi 29

Mardi 30

Merc. 31

PLANTE	EXIGENCES CULTURALES	SEMIS	REPIQUAGE ET PLANTATION	ROTATION
AIL *Allium sativum*	Aime le soleil, une terre légère et des sols neutres ou calcaires. Supporte le froid mais craint l'humidité.	De janvier à mars dans des terres lourdes et argileuses, sur buttes. Tout l'automne et l'hiver dans des sols légers et préparés.	1 kg de semence pour 10 m² de culture. 1 ail tous les 10 cm, sur des rangs espacés de 30 cm. Mettre 1 pincée de poudre de basalte ou de cendre de bois au pied de chaque caïeu, qui doivent à peine dépasser du sol.	4 ans entre d cultures d'Allia + éviter poire oignon ou éch comme précé
AUBERGINE *Solanum melongena*	N'aime pas le froid. Ne croît qu'au-delà de 12 °C. Idéalement, les fleurs sont fécondées entre 23 et 27 °C. La terre doit être riche en matière organique.	Semis en jour-fruit et en lune descendante, dès fév.-mars sous abri : 2 à 3 graines par godet, levée 6 à 8 j.	Repiquage en avril, jour-fruit et plantation en pleine terre mi-mai. Espacer les plants de 50 cm sur la ligne et de 80 cm entre les rangs.	Alternanc des culture d'aubergines les 3 ou 4 ans une même par
CAROTTE *Daucus carota*	Aime les sols profonds, argilo-siliceux, bien aérés régulièrement. Dernier apport de compost mûr : 1 an avant le semis.	Semer en mars sous châssis pour les carottes précoces, mi-mai à mi-juin en terre pour les carottes de conservation. La terre doit être ameublie et fine. Espacer les rangs de 30 à 40 cm. Bien espacer les graines pour maîtriser le problème de la mouche de la carotte.		
CÉLERI *Apium graveolens*	Aime les sols riches et humifères. Pousse bien après apport de fumier décomposé.	Semer de mi-février à mi-mars dans une couche chaude ou une caisse à semis. Maintenir à 15 °C.	Repiquer les plantules deux fois, en jour-racine et en lune descendante. Planter à la mi-juin. Épandre un peu de cendre de bois avant de repiquer les plants. Écarter les rangs de 40 à 50 cm et les plantes de 35 à 35 cm.	Laisser 4 a entre deux cu de céleri car il est gour en potasse
CHICORÉES *Cichorium endivia*	Aiment un sol meuble et humifère, un peu alcalin et modérément fumé. Protéger les frisées avant les fortes gelées.	Possible de semer dès avril, période idéale cependant : juin-juillet. Espacer les rangées de 30 à 40 cm, tous les 30 cm.	Repiquer en lune descendante. Raccourcir légèrement les racines et feuilles au repiquage et bien arroser la première sem.	
CHOUX *Brassica* sp.	La fertilisation du sol est essentielle. Prévoir des apports importants de compost décomposé, bien mûr. Préfèrent les sols limoneux-argileux, riches en humus et non acides.	Semis en jour-feuille. Semer en godets de mi-mars à mi-mai pour tous les choux, sauf chou-fleur entre mi-juin et mi-juillet. Semer fin août début sept. pour une récolte de printemps.	Repiquage et plantation : entre avril et juil. Repiquage le soir, lune descendante, jour-feuille. Praliner les racines avant repiquage. Choisir les plants pourvus d'un beau bourgeon au cœur. Enfoncer les plants en terre jusqu'à la hauteur des premières feuilles (sauf chou-rave). Prévoir 60 x 60 cm d'espacement (sauf les raves : 30 cm).	Ne pas culti des choux a d'autres chou d'autres cruci Attendre au m 4 années entre cultures succe de choux
CONCOMBRE ET CORNICHON *Cucumis sativus*	Les concombres et les cornichons exigent des terres chaudes, pas trop lourdes, riches en humus et en substances nutritives. Aiment la culture sur buttes faites de fumier.	Semer en sol chaud, en jour-fruit, à partir de mi-avril en pots. En pleine terre, à partir de la mi-mai, dans un endroit protégé du vent. Les concombres apprécient un léger ombrage.	Plantation après la mi-mai jusqu'à juillet, en lune descendante et jour-fruit. Respecter 0,5 m entre chaque plant, sur des lignes distantes d'1,20 m. Les premiers jours, leur faire de l'ombre avec des pots de fleurs retournés. Utiliser de l'eau tiède pour les premiers arrosages. La culture sur grillage ou filet et intéressante.	

...CIATIONS POSITIVES	ASSOCIATIONS NÉGATIVES	MALADIES ET RAVAGEURS	ENTRETIEN ET PRÉPARATIONS BIODYNAMIQUES
...raisier, betterave, ...enlit, vesce, tomate, ...me de terre, carotte, ...iboulette, pêcher.	Choux, pois, asperges.	Nématodes (boursouflures et pourritures) ; graisses du champignon (pourriture blanche ou grise) ; rouille jaune-marron (des pustules apparaissent en juin sur les feuilles).	Sarcler en fin d'hiver en jour-racine. Ébourgeonner la hampe florale dès qu'elle apparaît. Pulvériser 2 à 3 fois des tisanes d'ortie, d'achillée millefeuille ou de camomille à 9 j d'intervalle.
Haricots ...s contre doryphores), calendula.		Craint les doryphores (à ramasser à la main). Si pucerons, mildiou, alternariose, flétrissement, arracher plants atteints. Araignées rouges : pulvériser du soufre naturel.	Tailler au-dessus de la 2e fleur. Laisser ensuite se développer 3 ou 4 rameaux à pincer à 2 ou 3 fleurs. Jamais en jour-feuille. Aérer le sol régulièrement en jour-fruit. Lors de la formation des fruits, faire des apports réguliers d'extraits fermentés d'ortie et de consoude (riches en potasse).
...dent bien à une légu- ...neuse (sans trop de ...mure dans ce cas), ...un légume feuille ...oireaux en terrains ...ds), choux et oignons ...en terrains légers ou sableux).	Éviter le voisinage du chou ou du fenouil.	Alternariose (ou pourriture noire). Feuillage brun puis noir, se dessèche et pourrit. C'est le problème des semis trop denses ou dans de la matière organique pas assez compostée. Si la mouche de la carotte apparaît, le feuillage devient jaune rougeâtre. Elle s'évite en semant tard (juil.), ou entourée de plantes compagnes ou sous un voile de 50 cm de haut.	Biner fréquemment entre les rangs. Éclaircir entre avril et juillet, à 6-10 cm lorsque les plantes ont atteint 2 à 3 cm de hauteur. En septembre, pulvériser de la silice ainsi que 15 j avant la récolte.
En alternance ...avec poireaux ou ...haricots nains, en ...dures de planches de concombres.		Septoriose : provoque des taches claires sur les feuilles qui se fanent. Mettre de la bouillie bordelaise en cas de forte attaque. Contre la rouille, pulvérisations répétées de décoction de prêle, tisane ortie et achillée millefeuille.	Pulvériser régulièrement une infusion d'orties et de prêle. Pulvériser de la bouse de corne au repiquage et de la silice la première quinzaine d'octobre.
Fraisier.	Fenouil et choux.	Surveiller pucerons, limaces, vers blancs, sclérotinia et mildiou.	Arrosage régulier, surtout en début de croissance. Éclaircir le semis 4 à 5 sem. après la levée.
...es, betteraves rouges, ...lantes aromatiques ...pe, coriandre, absinthe, ...h, camomille, mélisse, ...ym, menthe, etc.). ...cine protège des puce- ...s, calendula et œillet ...e éloignent nématodes.	Fraise, haricot, fenouil, tomate.	Piéride et hernie : soigner la fumure et les rotations. Si contamination, amener le pH entre 7,5 et 8 et arrêter la culture à cet endroit pendant 7 ans. Ravageurs : altise, petites et grosses mouches, pucerons, noctuelle.	Biner en jour-racine pour choux-raves et choux-navets ; en jour-feuille pour choux cabus, de Milan, frisés et de Bruxelles. Pailler en cas de temps sec. Contre les ravageurs, prévoir une infusion d'absinthe ou un alcoolat de tanaisie pulvérisé sur la plante et son environnement (hors périodes de sécheresse). En cas de ralentissement de la croissance dû à une succession de nuits trop fraîches, pulvériser une infusion d'ortie.
...n semis intercalaire ...adis est envisageable. ...r les bords, semer et ...er du chou-rave, de la ...de, du céleri, de la lai- ...., des haricots nains. ...récient le maïs doux à distance de 1,5 à 2 m entre les rangs.	Éviter le voisinage avec la pomme de terre et la tomate.	Sujets aux bactérioses : ne pas cultiver au même emplacement et tremper les graines 20 min dans un extrait d'ail avant les semis. Si attaque, traiter régulièrement à la bouille bordelaise. Se méfier du mildiou et de l'oïdium.	Pincer, en jour-fruit, les plantes après la 3e et la 5e feuille. Les concombres ont besoin de beaucoup d'eau : prévoir un arrosage abondant deux fois par sem. (plutôt que tous les jours un peu). Utiliser de l'eau reposée, réchauffée au soleil. Apports réguliers de tisane de prêle et d'ortie sont favorables à la croissance puis au développement des arômes des concombres.

PLANTE	EXIGENCES CULTURALES	SEMIS	REPIQUAGE ET PLANTATION	ROTATION
COURGETTES, COURGES POTIRONS *Curcubita* sp.	Les courgettes et les courges aiment les sols riches et chauds, pas trop lourds. Ces plantes ont besoin d'espace !	Semis en jour-fruit dans un sol chaud. Démarrer en pot 3 sem. avant le repiquage escompté. Semis en pleine terre entre mi et fin avril selon la région.	Plantation après la mi-mai, avant la mi-juin. Respecter un espace de 1 m entre deux plantes. Arroser régulièrement au début avec une eau tiédie au soleil.	
FENOUIL *Foeniculum vulgare*	Aime une exposition chaude et ensoleillée. La culture réussit aussi en climat tempéré. Exigeant en fumure compostée (100 à 150 kg pour 10 m² environ).	En jour-feuille, dès avril, en pépinière ou de mi-juin à la fin juillet pour des récoltes d'automne et d'hiver. Supporte les petites gelées (-2 °C). Écarter les rangs de 50 cm pour butter les plantes. Laisser une plante tous les 30 cm.	Si repiquage, en lune descendante, en jour-feuille. Rester vigilant aux arrosages.	Succède bi à une cultu de pois en ju ou après une c de pommes de précoces.
LAITUES *Lactusa sativa*	Les laitues aiment surtout les terres filtrantes, grumeleuses, riches en humus. Besoin de luminosité, exposition ensoleillée et chaude, avec un sol frais, qui ne sèche pas.	Trois périodes : janv-fév (variétés de printemps) en caissettes, châssis vitré ou sur couche chaude. Attendre le redoux pour le semis en pleine terre. Fin mars à fin juillet (variétés d'été), sous abri ou directement en terre. À partir de septembre (variétés automne et hiver), semer entre 5 et 10 mm. Pour une production continue, semer toutes les 2 sem. Répandre de la cendre de bois ou du basalte autour des semences.	Planter en lune descendante en jour-feuille, en fin d'après-midi ou soirée, à 25-30 cm en tous sens. Maintenir le sol humide.	Avant des car ou des chou
POIREAUX *Allium porrum*	Tête de culture. Apporter du compost mûr à l'automne. Prévoir deux emplacements de culture : le premier pour le semis en pépinière et le second pour les plants destinés à passer l'hiver après repiquage.	Le semis s'échelonne de mi-février à fin avril. Pour obtenir des poireaux d'été, prévoir un semis sur couche chaude dès janvier, février ou mars sous châssis. Si le sol a bien été préparé en amont, le poireau accepte des conditions rudes et se sème même sur un sol gelé. Sur 5 m x 1 m, on peut produire 800 plants (semis régulier où les graines ne collent pas) : garder les plus beaux au repiquage.	Repiquage de mai à juillet, sur une surface de 20 m² pour 800 plants (provision pour une famille de 4 personnes). Couper les racines et feuilles des jeunes plantes pour laisser 15 à 20 cm de feuilles. Prévoir un écartement entre les lignes de 25 à 30 cm et de 7 à 10 cm entre les plants.	Le poireau v bien après car et oignons
POIVRON ET PIMENT *Capsicum annum*	Besoin de chaleur et d'une terre riche en humus.	Une température minimale de 20 °C est nécessaire pour la germination. Semer mi-avril sous serre, en couche chaude ou en serre dès février-mars. Semer 3 à 4 graines par godet. Éliminer les plantes chétives, sources de maladies.	Planter en lune descendante, jour-fruit après la mi-mai, en soirée. Prévoir 50 à 60 cm entre chaque plant de tous côtés.	
TOMATE *Lycopersicon esculentum*	La tomate a besoin de chaleur, d'eau et d'un sol bien amendé. Apprécie la fumure peu décomposée. Éviter l'arrosage sur les feuilles.	Semer les graines en février-mars en caissettes ou dans des pots, dans un serre ou dans un endroit abrité du froid et du vent.	Repiquer au stade deux feuilles dans des pots ou en caissettes avec un espacement de 3 à 5 cm. Rempoter dans des pots plus grands 15 j. à 3 sem. plus tard dans un endroit aéré. Planter en jour-fruit, le soir, en lune descendante, une fois les risques de gelées passés. Séparer les plantes d'environ 60 cm pour une distance entre les rangs de 80 cm à 1 m.	La tomate peut être cult plusieurs an au même end

IATIONS POSITIVES	ASSOCIATIONS NÉGATIVES	MALADIES ET RAVAGEURS	ENTRETIEN ET PRÉPARATIONS BIODYNAMIQUES
région chaude, l'ombrage du maïs, u topinambour, haricot à rame.	Pomme de terre, tomate.	Oïdium : blanchiment des feuilles. Cela arrive lors de nuits fraîches à la rosée abondante. Arracher feuilles portant les premiers feutrages blancs.	Maintenir un sol propre par un paillage généreux. Pour avoir de gros potirons, ne laisser qu'un fruit par plante. Couper la tige à 2 ou 3 feuilles au-dessus du premier fruit formé. Pas besoin d'arroser une fois les plants installés. Si sécheresse, arroser au pied sans mouiller le feuillage. Arroser au pied un extrait fermenté de consoude dilué à 10 %.
silic et tournesol.	Éviter le voisinage du chou-rave, des haricots et des tomates.	Si sécheresse, risque de pucerons : prévoir alors une pulvérisation d'ortie (macération de 12 h).	Tous les travaux s'effectuent en jour-feuille. Arroser abondamment en période de sécheresse. Pulvériser de la silice de corne 2 sem. avant la récolte. Pulvériser une tisane d'achillée en cas de grosse chaleur.
'associent bien toutes les plantes.	Éviter la succession avec d'autres Astéracées.	Un plant desséché signale la présence d'un ver dans les racines. Le chercher et l'éloigner du jardin. Maladies virales se manifestant par des feuilles cloquées, grosses nervures, décolorations. Pulvériser du lait écrémé pour lutter contre ces viroses. Lutter contre les pucerons qui sont vecteurs. Arracher les plants atteint de bremia ou de botrytis.	Éclaircir dès le stade cotylédons. Sarcler souvent pour aérer la terre. La température d'arrosage doit être légèrement supérieure à la température de la terre au printemps. Ombrer les laitues si grandes chaleurs. Pulvériser de la silice de corne avant la formation de la pomme et de la bouse de corne au repiquage.
se bien au voisinage des céleris betterave rouge.		Craint la teigne du poireau (chenille qui s'attaque aux feuilles). Pour endurcir les plants, les laisser sécher 1 à 2 j avant de les planter. En cas d'attaque, couper les poireaux au ras du sol en milieu de matinée (éloigner les feuilles coupées) et accélérer la repousse par un apport de purin de consoude dilué.	Biner en jour-racine ou feuille. Un léger buttage permet de recouvrir les mauvaises herbes dans le rang et favorise le blanchiment. Pulvériser de la bouse de corne au semis et au repiquage, de la silice de corne 1 mois avant récolte ou au grossissement du fût.
Basilic.		Favoriser la présence d'auxiliaires pour lutter contre les attaques d'acariens et de pucerons.	Dans les régions froides, étêter la tige principale vers la fin août pour arrêter la formation de nouveaux rameaux. La sève alimentera davantage les fruits déjà présents qui mûriront plus vite. Biner, sarcler et arroser durant les périodes sèches. Le poivron aime le bassinage (arrosage du feuillage) qui stimule sa floraison. Pulvériser de la bouse de corne à la plantation et de la silice de corne à la formation des fruits.
tourer les tomates oucis, œillets d'Inde et capucines. Haricots, céleri, ommes de terre, étragone cornue et choux.	Fenouil, concombre, cornichon.	Mildiou : pulvériser des décoctions de prêles mélangées à de l'infusion d'ortie. En cas de récidive, passer à la bouillie bordelaise.	Biner et alimenter en eau régulièrement. Tailler les gourmands. Ne laisser monter que 2 tiges principales, tailler le reste. Pincer les pousses formées à l'aisselle des feuilles. En fin de culture, après septembre, couper le sommet des tiges principales. Pulvériser toutes les sem. ou après chaque pluie une tisane d'ortie (ou ortie-prêle), en jour-fleur ou fruit. Après une période de pluie, saupoudrer avec de la cendre de bois (hêtre). Pulvériser de la bouse de corne à la plantation et de la silice de corne 15 j après, puis 1 x /mois.

PLANTE	EXIGENCES CULTURALES	SEMIS	ROTATION
BETTE, BLETTE *Betta vulgaris*	Facile. Aime les sols consistants, frais durant l'été.	Semer à partir de début avril, espacement de 40 cm de tous les côtés. Repiquer en lune descendante, jour-feuille, à partir de mai.	
ÉPINARD *Spinacia oleracea*	L'épinard n'apprécie guère les fortes chaleurs. Le cultiver essentiellement aux périodes entourant les équinoxes. Si la terre garde mal l'eau, privilégier la mi-ombre au plein soleil. Pailler au pied pour conserver l'humidité et désherber. N'aime pas trop les terres acides. Éviter une culture sur un sol trop riche en humus ou sur un compost trop jeune.	Semer de février à avril, toujours en jour-feuille puis en culture d'arrière-saison, à partir d'août. Semer en ligne de 1 ou 2 cm de profondeur, espacer les graines de 2 cm et les lignes de 25 à 30 cm de façon à pouvoir biner ou pailler. Température du sol doit être supérieure à 5 °C. La levée se fait entre 6 et 10 J. Prévoir arrosage régulier et copieux.	Attendre 4 à 5 a avant de ressen au même endro
FÈVE *Vicia faba*	Aime les terre franches, argilo-silicieuses, argilo-calcaires, argileuses, limoneuses et profondes. Redoute l'excès d'eau. Climat tempéré et ensoleillement conviennent. Prévoir un sol ameubli mais dépourvu de fumure organique récente.	Semer en jour-fruit dès février, par poquets de 2 à 3 fèves tous les 20 cm en rangées écartées de d'environ 60 à 70 cm. Le semis doit être profond, de 5 à 8 cm, pour résister au gel. En climat doux, on sème entre fin septembre et mi-novembre (résistent à -3 °C).	Attendre 4 an entre deux cultu de légumineuses- (pois, lentilles, lu soja, haricot)
HARICOT *phaseolus vulgaris*	Un sol humide et aéré (sur 10 cm) convient. N'aime pas les sols calcaires. Besoin de sels minéraux. Introduire avec le compost de la cendre de bois et de la chaux dans les parcelles de culture, les années précédentes. Éviter tout apport de fumure avant plantation. Pour les variétés grimpantes, installer des rames de 3 à 5 m de longueur et de 3 à 4 cm de diamètre, disposées à 60 cm de distance, sur deux rangs distants de 80 cm.	Température : 10 °C min. Semer toutes les 3 semaines en jour-fruit, jusqu'au 14 juillet. Enfouir la graine à une profondeur de trois fois son épaisseur. Pour les haricots grimpants, placer 6 à 9 graines autour de chaque rame à une distance de 5 à 6 cm de celle-ci. Espacer les lignes de haricots nains de 60 cm pour butter facilement. Sur le rang, disposer les graines une à une, à 5-8 cm ou des poquets de 4-6 graines espacées entre eux de 40 cm. Avant la mi-mai, installer un voile de forçage.	Précédents cultur légumes-feuil puis fleur.
MÂCHE *Valerianella olitoria*	La mâche est une plante frugale qui résiste à l'hiver et pousse encore entre 5 et 10 °C. Elle aime un lit de semence propre et une terre grumeleuse couverte de compost mûr, réparti au tamis après le semis. Pour la récolte en cours au printemps, faire un nouvel apport de compost en fin d'hiver.	Pour une récolte en automne, semer début août. Pour des récoltes en hiver et printemps, faire plusieurs semis successifs du début à fin septembre. Semer à la volée ou en rangées espacées de 15 cm, 1 à 3 g de semence (par temps frais). Le semis ne doit pas être trop serré. Éclaircir en laissant environ 8 cm entre chaque pied. Pour une germination régulière, tasser légèrement le sol après le semis et conserver le lit de semence constamment humide jusqu'à germination en ombrageant les plantes d'un voile. Pour obtenir de la mâche en hiver ou par temps de gel, garder une partie des planches couverte d'un voile.	Se cultive derri presque tous les p dents culturau en 2e ou 3e cultu
MAÏS DOUX *Zea mais*	Le maïs a besoin de chaleur pour germer et bien démarrer sa croissance. Il apprécie un sol riche, bien amendé (une brouette de compost mûr pour 10 m^2 de jardin).	Au nord, ne pas semer en pleine terre avant fin avril-début mai. Semer jusqu'à fin mai (voire juin dans le Midi). Enterrer les graines un jour-fruit, tous les 30 cm, par poquets de 2 à 3 graines, à plus de 2 cm, sur des lignes distantes de 50 à 80 cm. On peut effectuer le semis en godet. Échelonner les semis pour étaler la récolte. À cultiver sur plusieurs rangs ou en carré : le pollen doit circuler d'un rang à l'autre pour assurer la pollinisation.	

…CIATIONS POSITIVES	ASSOCIATIONS NÉGATIVES	MALADIES ET RAVAGEURS	ENTRETIEN ET PRÉPARATIONS BIODYNAMIQUES
	Ne pas cultiver après des épinards ou des betteraves rouges.	Rien de sérieux. Éliminer les feuilles endommagées ou brunissantes.	Pulvériser de la silice de corne 2 sem. avant la récolte. Pulvériser une tisane d'achillée en cas de grosse chaleur.
…sier, haricot à rame, …chou, laitue, chicorée, céleri, radis. Semer à la volée …es laitues et chicorées et en interlignes avec poireaux, céleris et fèves.		Des taches jaunes du mildiou couvrent les feuilles par temps doux et humide. Éviter alors les semis trop denses et les apports d'azote excessifs. Les pucerons noirs ne nécessitent pas de traitement spécifique.	Éclaircir une plante tous les 15-20 m sur la ligne. Éviter de biner ou éclaircir en jour-fruit ou fleur. En début d'infestation de mildiou, pulvériser une infusion d'ortie mélangée à une décoction de prêle.
…e, aneth et camomille …ent la fève du puceron. …r au moment du semis …ouffe d'ortie à chaque …émité et en milieu de … Elle protège la pomme …erre des doryphores.	Endives et Alliacées (poireaux, ail, échalote, oignon).	Surveiller les pucerons et les attaques de bruches de la fève (coléoptère). Pulvériser une infusion de feuilles de rhubarbe. Les fèves sont sensibles à l'anthracnose (tache noire), au botrytis (moisissure), et à la rouille (taches orangées) et viroses. Si les cosses sont atteintes, elles sont impropres à la consommation et à la semence. Une pulvérisation de décoction de prêle aide contre ces maladies.	Butter lorsque la plante atteint une hauteur de 15-20 cm.
Maïs, …nme de terre, céleri, …ard, poireau, carotte, …chou-fleur, aneth, …llet d'Inde et aneth.	Oignon, échalote, fenouil, ail.	En cas d'invasion de pucerons, suspendre des pots de terre cuite remplis de paille sur des branches fichées dans le sol : favorise l'installation de forficules (perce-oreilles). En cas d'infestation, pulvériser une macération d'ortie ou une infusion de rhubarbe.	Toujours en jour-fruit. Biner légèrement à 2-3 cm des plantules en surface et entre les rangs. Lorsqu'elles atteignent environ 10 cm, butter jusqu'à hauteur des feuilles. Lorsque la plante atteint 20 cm, butter une seconde fois. Pulvériser de la silice de corne avant la floraison.
…cultive sur les plates-…des avec les légumes d'hiver : poireaux, oignons, choux.	Ne pas cultiver après les laitues.	Des erreurs de culture peuvent générer la présence de mildiou, oïdium ou pourriture grise. Pulvériser alors une décoction de prêle et d'ortie. Une fine couche de sable sur le sol garde les limaces à distance.	Sarcler en jour-feuille pour éviter l'envahissement des herbes spontanées. Pulvériser de la bouse de corne au semis et de la silice de corne quand la rosette est formée.
Triptyque : maïs-haricot grimpant-courge. …haricot grimpe sur le …is, bénéficie de l'azote qu'il produit. …ourge apprécie l'ombre du feuillage.	Tournesol.	Sensible au charbon et à la fusariose. Supprimer les épis concernés. En prévention, pulvériser une décoction de prêle. Surveiller limaces, taupins, tipules et oiseaux qui aiment les jeunes plantules.	Sarcler régulièrement et butter le pied de maïs assez haut. Chaque plant peut produire 3 à 4 épis. En cas de sécheresse à la floraison (moment crucial), arroser le pied. Pulvériser la bouse de corne au semis et la silice de corne avant la formation de l'épi.

PLANTE	EXIGENCES CULTURALES	SEMIS	ROTATION
NAVET *Brassica rapa*	Peu exigeant en fumure. Culture facile en période ni trop chaude ni trop froide. Il n'occupe pas l'espace longtemps, deux cultures peuvent être gérées sur une même parcelle : après une culture de printemps ou avant une culture d'automne.	Au printemps, semer en mars- avril et jusqu'à fin mai (selon les régions, conditions climatiques et époque de récolte souhaitée). Le semis d'arrière-saison sera fait entre la mi-juillet et la mi-août. Levée rapide : 4 à 7 j. Espacer les rangs de 30 à 40 cm, une plante tous les 10 cm.	Déplacer la culture t ans et pour au mini 3 ans car les racines lèvent beaucoup de et de potasse. Évite cultiver un engrais ensuite de la famill crucifères, alterner avec une légumineu seigle, du sarras ou de la phacéli
OIGNON *Allium cepa*	L'oignon apprécie les sols chauds, assez secs et pas trop lourds, cultivés de longue date. La culture en butte peut constituer une bonne alternative pour des conditions climatiques froides et humides	Pour produire des bulbilles, semer de mars à mai, en jour-racine, dans une terre affinée. Espacer les rangs de 20 cm ou plus, pour sarcler entre les lignes. Compter 20 j de lever. Semer aussi à la volée dans des sols propres, exempts d'adventices. Tasser les sols, de préférence avec une planche, le dos d'une bêche ou un râteau. Récolter les bulbilles en août-sept et repiquer de février à avril l'année suivante. Les enfoncer (2-3 cm) dans des sillons peu profonds en fin de journée puis tasser le sol. Les pointes vertes des bulbilles doivent rester à la lumière du jour. Espacer chaque bulbille d'environ 10 cm. Des tiges verdâtres apparaissent au bout de 8 à 15 j.	Éviter les précéde de poireaux, oignons lote, et le voisinage a haricots et les po
PANAIS *Pastinaca sativa* subsp. *sativa*	Très rustique. Aime les ambiances océaniques, des températures comprises entre 5 °C et 18 °C et une exposition bien ensoleillée. Aime les sols profonds mais pas trop lourds, frais, riches en humus, légère préférence pour sols calcaires. N'apprécie pas la fumure sèche, accepte les engrais marins. Travailler le sol en profondeur.	De mars à juin, en rangs distants de 30-40 cm, de manière la plus légère possible. La levée s'effectue de 8 à 15 j entre 15 °C et 20 °C mais peut s'échelonner sur 6 sem. Maintenir le sol frais pour favoriser la levée. En petite surface, semer en poquets : 2-3 graines tous les 15 cm puis éclaircir. Ajouter de la cendre de bois dans le sillon (avec apport de potasse).	Éviter les ombellif les 2 ou 3 années p dant la culture du p Il succède à n'imp quel légume.
PETIT POIS *Pisum sativum*	Sols légers, chauds et calcaires. Aime planches propres. Demande un sol assez riche en matière organique décomposée. Affectionne la lumière.	Température optimale de germination : 4 à 18 °C. Semer les variétés naines en lignes distantes de 40 cm, 1 grain tous les 2 à 3 cm ou en poquets de 6 à 8 graines tous les 40 cm. Éloigner les lignes de variétés à rames de 70 cm. Semer entre 5 et 8 cm de profondeur. Protéger les semis avec un filet ou des branchages de sapin. Échelonner le semis tous les 15 j. pour prolonger la récolte.	Semer des nave ou des radis d'hi après la récolte Attendre 3 ans av de remettre des p sur la même parc
POMME DE TERRE *Solanum tuberosum*	Tous les sols conviennent sauf l'argile trop lourde. Préfère les sols aérés en profondeur et fumés l'année ou l'automne précédent.	Planter dès que les nuits commencent à tiédir (10-12 °C) et que la terre se réchauffe. À la bêche, faire des trous (8 à 10 cm de profondeur), en lignes distantes de 50 à 60 cm et autant dans la ligne. Au râteau, aplanir la parcelle en formant une petite butte pour chaque rangée. La levée à lieu entre 2 et 3 sem. après.	Culture de tête. Prévo sa récolte, une cultur rière-saison, type m chicorée ou épinarc possible un légume fe La culture du lin en dure est légèrement sive contre les doryp
RADIS *Raphanus sativus*	Affectionne les sols riches en humus. Ne supporte pas la fumure fraîche. Il a besoin d'une humidité régulière et constante. Peut se cultiver en culture intermédiaire sans fumure spéciale. Il redoute les fortes insolations.	Privilégier un jour-racine. Semer de préférence le matin en ligne en février/mars, une graine tous les 4 cm. Puis, régulièrement, tous les 15 j d'avril à septembre. En été, semer dans un endroit frais et ombragé. Ne pas semer trop profond (max 3 cm). Après le semis, plomber le sol. Les graines doivent germer au bout de 5 à 10 j.	

OCIATIONS POSITIVES	ASSOCIATIONS NÉGATIVES	MALADIES ET RAVAGEURS	ENTRETIEN ET PRÉPARATIONS BIODYNAMIQUES
Carotte, haricots, pois, laitue. Menthe et romarin oignent la piéride.		Pour lutter contre l'altise (coléoptère des crucifères), utiliser un voile de forçage en début de culture. La mouche du chou, le mildiou des crucifères la pourriture noire, la fonte du semis, la hernie sévissent également. Contre la mouche, semer tôt ou tard et éviter les semis d'avril et de septembre. Épandre de la cendre de bois entre les rangs ou pulvériser du savon noir. Éviter d'incorporer au sol un fumier trop frais ou un compost insuffisamment décomposé.	Une fois le semis éclairci, arroser régulièrement car le navet n'aime ni les grosses chaleurs ni la sécheresse. Biner et aérer le sol fréquemment. Infusions de prêle et/ou un mélange ortie-prêle protègent de manière efficace des maladies cryptogamiques : mildiou (taches sur les tiges) et botrytis (pourriture).
rotte, panais, laitue, erave rouge, tomate, oignon.		Mouche de l'oignon : étendre un filet de protection de mi-avril à fin mai puis en juillet-août. Saupoudrer les bulbilles de poudre de roche ou d'algues, pulvériser une tisane de tanaisie pendant les périodes à risque, fin juin-début juillet. Contre les nématodes, pratiquer des rotations longues d'Alliacées (4 ans), éviter la fumure fraîche et de cultiver derrière une prairie permanente.	Supprimer les adventices et garder la terre meuble. Biner à plat et ne sarcler jamais profondément pour garder l'humidité. Les oignons supportent mal l'arrosage. Infusions de prêle et/ou un mélange ortie-prêle protègent de manière efficace des maladies cryptogamiques : mildiou (taches sur les tiges) et botrytis (pourriture).
Le basilic favorise levée des graines. ttes, choux et oignons sont favorables.		Sensible aux attaques de la mouche de la carotte. Craint le chantre du panais.	Éclaircir à 15 ou 20 cm selon la durée de culture. Arroser régulièrement. En septembre, éliminer les plants qui présentent des symptômes de maladies cryptogamiques. Infusions de prêle et/ou un mélange ortie-prêle protègent de manière efficace des maladies cryptogamiques : mildiou (taches sur les tiges) et botrytis (pourriture).
oisinage du céleri, carottes, laitues, maïs doux, pommes re et crucifères (choux, dis, navet, raifort), combres, cornichons.	Éviter les Apiacées : ail, oignon, échalote, panais, persil.	Sitone (charançon) attaque le pois à la levée, vers mi-avril. Traiter par une infusion d'absinthe ou de tanaisie. La tordeuse (pyrale du pois) mange les graines : traiter par ces mêmes infusions. Contre toutes les maladies cryptogamiques (fusariose, anthracnose, oïdium, mildiou) : pulvériser de la tisane d'ortie, mélangée éventuellement à de la prêle.	Butter en jour-fruit ou fleur quand la plante atteint 15 cm de haut et poser des rames. Irriguer durant la saison sèche. Les pois ont besoin d'eau au moment de la floraison et de la formation du grès mais craignent un excès d'humidité. Pulvériser de la bouse de corne au semis et de la silice de corne avant floraison.
hou, fève et haricot en rangs alternés sont favorables.	Concombre, aubergine, cornichons, arroche et maïs, potiron et tomate.	Pour protéger les pommes de terre, ramasser régulièrement les doryphores adultes. Pulvériser préventivement de la tisane d'ortie. Si grosse invasion : appliquer un traitement de pyrèthre. En début d'attaque de mildiou, utiliser de la bouillie bordelaise.	Lorsque les plantes font 5 à 10 cm de haut, butter en jour-racine. Procéder à un 2e buttage avant de couvrir le sol avec un mulch qui retiendra l'humidité nécessaire aux pommes de terre. Pulvériser de la bouse de corne au semis et de la silice de corne avant floraison.
Chou-rave et pois. oisinage de l'épinard, de otte et du concombre est ement positif. Voisinage omates et de l'absinthe gne l'altise. Capucine et on lui donnent bon goût.	Haricot nain, chou, cerfeuil.	La terre doit être légère et humide pour éviter les altises. Une infusion de vermouth ou d'absinthe les repousse. Le voile de forçage peut être une solution en cas d'attaque d'insectes.	Éclaircir en jour-racine à 10-15 cm afin de faciliter le binage et le sarclage et à environ 40 x 20 cm pour les variétés d'hiver. Éviter les jours-fruit et fleur pour le binage.

FRUIT	EXIGENCES CULTURALES	SEMIS (OU GREFFE)
ABRICOTIER *Prunus armeniaca*	Aime les saisons bien marquées : froid en hiver, chaleur en été. L'implanter dans des endroits légèrement abrités pour éviter qu'il subisse les gelées. N'aime pas les sols battants, mais profonds et aérés.	
CASSISSIER *Ribes nigum*	Prospère sur les sols argileux et frais, tolère les sols caillouteux à condition qu'un enracinement à 35 cm de profondeur soit possible. Il a besoin de beaucoup de soleil et d'eau. Il faut l'installer dans un endroit peu exposé au gel pour obtenir un bon rendement, ni trop humide, ni trop sec.	
CERISIER *Prunus* sp.	Pousse partout. Dans les sols légers, sablonneux, veiller à l'arrosage pendant les premières années après la plantation : lors des périodes sèches, arroser abondamment le soir au moins 1 fois par sem.	
FRAISIER *Fragaria* sp.	Il est exigeant en eau et en compost. Le compost idéal est obtenu à partir d'aiguilles de conifères et d'orties.	Le fraisier se multiplie par stolons qu'on prélève en août/septembr Ils seront récupérés si possible tôt le matin, en jour-fruit.
FRAMBOISIER *Rubus Idaeus*	Grande faculté d'adaptation. Préfère les sols profonds, perméables, moyennement lourds, riches en humus et en éléments nutritifs. Avec amendement, il prospère aussi dans les sols sablonneux et légers. Les sols lourds et argileux ne lui sont pas bénéfiques. pH favorable : entre 5,5 et 6. Les précipitations d'été lui sont favorables. Une haie de protection autour de la plantation l'aide à retenir l'humidité.	Il se multiplie par drageons qu'on sépare à la bêche en hiver. Les plants doivent avoir un système racinaire bien développé. La plantation se fait en août ou dans la première quinzaine de septem Planter le soir, en lignes espacées de 60 à 70 cm environ, et sur une le butte afin d'améliorer l'écoulement de la pluie et l'aération des feuil
PÊCHER *Prunus persica*	N'aime pas les sols calcaires, trop secs ou trop humides. La structure du sol doit être aérée. Choisir une variété adaptée à sa propre région.	Un noyau semé à 4-5 cm de profondeur, pointe vers le bas, perme d'obtenir des fruits 4 à 5 ans plus tard et ce, pour 15 à 20 ans.
PRUNIER *Prunus domestica*	Mirabelles et quetsches sont adaptées aux climats de l'Est. Reines-Claudes moins exigeantes. Les pruniers à pruneaux prospèrent surtout en climat aquitain. Ils aiment les sols argilo-calcaires (mais acceptent des pH entre 6 et 8), bien drainés.	
POIRIER *Pyrus communis*	Assez exigeant sur la qualité du sol. Il demande de la profondeur et une bonne richesse en humus et en éléments nutritifs. Il n'apprécie pas beaucoup les terres calcaires.	
POMMIER *Malus* sp.	S'adapte à beaucoup de types de sols. Tolère mieux le calcaire que le poirier. N'apprécie pas les terres compactées et peu malléables. Choisissez une variété locale, adaptée à votre région.	Le prélèvement du greffon s'effectue en Lune descendante, en novembre-décembre. Généralement en janvier-février, privilégier la greffe et greffer à une hauteur de 15 à 25 cm.

REPIQUAGE ET PLANTATION	ENTRETIEN ET PRÉPARATIONS BIODYNAMIQUES
Automne et début d'hiver. Les distances de plantation sont de 6 x 6 m.	Épandre du compost à la fin de l'hiver ou au début du printemps, en Lune descendante. Éviter la taille, contentez-vous des branches affaissées. Pulvériser de la bouse de corne en mars et de la silice de corne avant floraison et 15 j avant récolte.
:spacement de 2,5 à 3 m entre deux rangées. t cultiver 20 arbustes à l'hectare. Le sol sera préparé l'automne afin qu'il puisse geler pendant l'hiver. Au printemps, le sol sera travaillé à la herse. vant la plantation, on incorpore encore du compost. er des arbustes possédant au moins 5 à 7 pousses, de variétés différentes.	Épandre superficiellement 2 à 4 kg/m² de compost en fin d'automne et jusqu'en février au plus tard. Les pousses d'1 an seront raccourcies d'au moins la moitié de la longueur en gardant un œil extérieur.
Automne et début d'hiver.	Épandre du compost à la fin de l'hiver ou au début du printemps, en Lune descendante. Éviter la taille qui le rend sensible aux maladies cryptogamiques. Si taille, alors après la récolte, en jours-fruit de la Lune descendante de septembre. Pulvériser de la bouse de corne en mars et de la silice de corne avant floraison et 15 j. avant récolte.
	Éviter de biner dans un rayon de 30 cm autour du cœur du fraisier pour ne pas détruire les racines formées en fin d'hiver. Pulvériser la bouse de corne en mars et la silice de corne 15 j. avant récolte.
r au début du printemps. Prévoir 1,60 m entre les ;ées. Planter 3 jeunes pousses par mètre linéaire. ois planté, tailler à 50 cm et attacher les branches sur des fils de fer.	Apporter à la fin de l'automne tous les ans, 3 à 4 kg par m² de compost mûr. L'ajout de copeaux, d'écorces, d'aiguilles de conifères et de farine de corne est intéressant. Les variétés remontantes se taillent après la récolte en supprimant les extrémités ayant donné des fruits. En juillet, supprimer les rameaux qui ont fructifié en juin. Au début de l'hiver, supprimer le tiers supérieur des rameaux ayant fructifié à l'automne. Les variétés non remontantes se taillent en supprimant toutes les pousses ayant fructifié et qui commencent à dessécher. Conserver une tige tous les 10 cm. Pulvériser la bouse de corne en mars et la silice de corne 15 j avant récolte.
Automne et début d'hiver. Un espace de 5 m de diamètre lui convient. u jardin, lui réserver une place dans un angle ou au bout d'une parcelle.	Épandre du compost à la fin de l'hiver ou au début du printemps, en lune descendante. Tailler en Lune descendante et en jour-fruit juste avant la floraison, entre mi-février et mi-mars. Apporter de temps en temps un apport d'azote par le biais d'un compost pas trop vieux.
Automne et début d'hiver.	Épandre du compost à la fin de l'hiver ou au début du printemps, en Lune descendante. Tailler en jour-fruit, Lune descendante. Pulvériser de la bouse de corne en mars et de la silice de corne 15 j avant récolte.
nter en jour-fruit. Compter 10 m d'espacement ır les hautes tiges, 6 m pour les demi-tiges, 2 m pour les espaliers. Éliminer les gourmands. er à ce que la lumière pénètre au centre de l'arbre en taillant si nécessaire.	Pour éviter le carpocapse, poser des bandes piège en carton ondulé autour du tronc mi-juin, qu'on retire et qu'on brûle mi-novembre. Contre la tavelure, traiter à la bouillie bordelaise, à l'oxychlorure de cuivre ou à la décoction de prêle avant floraison.
ompter 8 à 12 m d'espace par arbre, de 5 à 8 m our les demi-tiges. Prévoir de fertiliser l'arbre urant les 5 à 6 sem. qui suivent la plantation : ın bon seau de compost par an est bienvenu.	La taille se pratique de préférence en début d'hiver, en Lune descendante. Supprimer les branches basses, enlever les branches fruitières dont le diamètre concurrence celui de l'axe. Laisser la lumière pénétrer au centre de l'arbre. Quand les branches fruitières vieillissent, éliminer les organes floraux. Pulvériser de la bouse de corne en mars et de la silice de corne avant floraison et 15 j avant récolte.

À DÉCOUVRIR

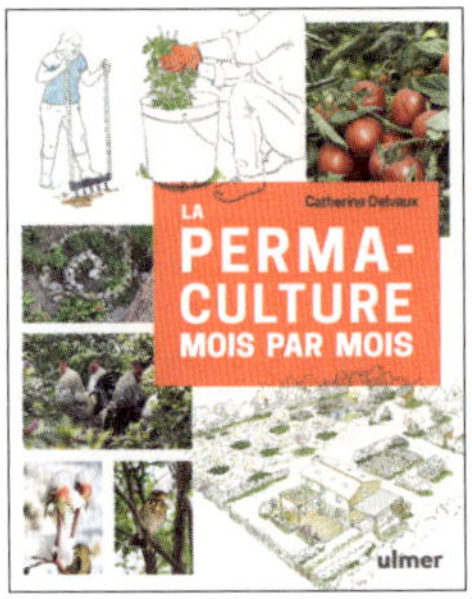

La permaculture mois par mois

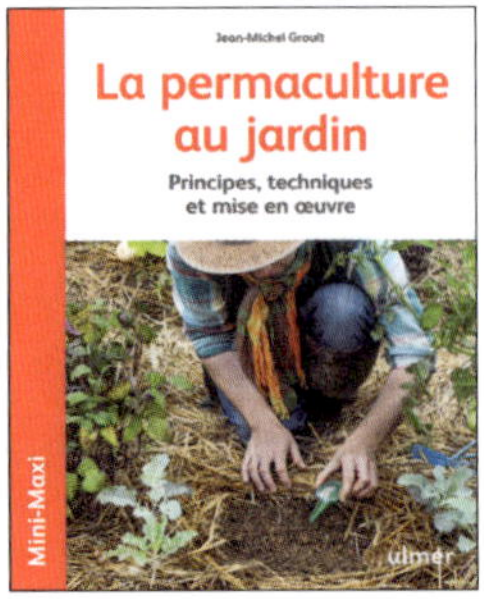

La permaculture au jardin

Manuel de permaculture

ulmer
éditeur du vivant

Nous nous engageons pour la planète :

- Papier intérieur composé de 100% de fibres certifiées FSC provenant de forêts gérées durablement.
- Impression avec des encres végétales.
- Formats de papier optimisés.

Illustrations : Guillaume Duprat
Réalisation : Laurent Melin
Aide rédactionnelle : Catherine Delvaux
Relecture : Gauthier Baudoin

Impression : Printer Trento, srl
ISBN : 978-2-37922-379-2
N° d'édition : 379-01

Dépôt légal : août 2024
Imprimé en Italie

33, rue du Faubourg Montmartre - 75009 Paris
Tél. : 01 48 05 03 03
www.editions-ulmer.fr
Retrouvez-nous sur Facebook & Instagram

CRÉDITS PHOTOGRAPHIQUES

Adobe Stock : pp. 30, 31, 32d, 34.
Monique Berger : pp. 52 b, 58hd/md/bd, 64bd, 70hd, 82 bd, 94bg/md/bd, 112bg.
Gaël Bichon : p. 19.
Bigi Möhrle : p. 3.
Biosphoto : pp. 4, 6, 14, 37b, 44-45, 46, 52hg/hd, 58hg/bg, 64hg/hd/bg/md, 70hg/b, 76hd, 76md/b, 82hg/hd/bg, 88, 94hg/hd, 100, 106, 112g/hd.
Soazig Cornu : pp. 23h, 27bg/bd.
Laurent Dreyfus : pp. 16, 20, 23b, 27 (hg, hd, mg), 32g, 35, 37h, 38, 40, 76hg.
Élisabeth Pionstka : pp. 24, 27md, 28.
Unsplash : p. 15.
Wikicommons : p. 22.
Couverture : Shutterstock

FSC
www.fsc.org
MIXTE
Papier | Pour une gestion forestière responsable
FSC® C015829